Liberdade na alma e dinheiro na conta

caro(a) leitor(a),
Queremos saber sua opinião sobre nossos livros.
Após a leitura, siga-nos no **linkedin.com/company/editora-gente**,
no **TikTok @EditoraGente** e no **Instagram @editoragente**
e visite-nos no site **www.editoragente.com.br**.
Cadastre-se e contribua com sugestões, críticas ou elogios.

Valeska D'Angelo

Liberdade na alma e dinheiro na conta

Como construir uma vida com autonomia, realizações e muito lucro

Diretora
Rosely Boschini

Gerente Editorial Sênior
Rosângela de Araujo Pinheiro Barbosa

Editora Júnior
Carolina Forin

Produção Gráfica
Fábio Esteves

Coordenação Editorial
Algo Novo Editorial

Preparação
Amanda Oliveira

Projeto Gráfico, Diagramação e Capa
Vanessa Lima

Revisão
Wélida Muniz
Fernanda França

Impressão
Edições Loyola

Copyright © 2023 by Valeska D'Angelo
Todos os direitos desta edição
são reservados à Editora Gente.
Rua Natingui, 379 – Vila Madalena
São Paulo, SP – CEP 05443-000
Telefone: (11) 3670-2500
Site: www.editoragente.com.br
E-mail: gente@editoragente.com.br

Dados Internacionais de Catalogação na Publicação (CIP)
Angélica Ilacqua CRB-8/7057

D'Angelo, Valeska
    Liberdade na alma e dinheiro na conta : como construir uma vida com autonomia, realizações e muito lucro / Valeska D'Angelo. — São Paulo : Editora Gente, 2023.
    192 p.

    ISBN 978-65-5544-351-6

    1. Desenvolvimento pessoal 2. Sucesso I. Título

23-3062   CDD 158.1

Índice para catálogo sistemático:
1. Desenvolvimento pessoal

nota da publisher

Aposto que você conhece muitas mulheres como as descritas neste livro. Pessoas incríveis que, por algum motivo, deixaram de lado seu propósito, sua verdadeira fonte de felicidade. Personalidades com um potencial imenso, mas que tiveram o brilho apagado por algo, por alguém ou até por si mesmas.

Mas em meio a essas histórias, também existem brilhantes. Mulheres que transformaram a própria vida e, com essa virada, inspiram outras a fazerem o mesmo. Valeska D'Angelo é um desses cases de sucesso! Com palavras de empatia, conhecimento de sobra, relatos fascinantes e dicas valiosas de empreendedorismo, esta obra levará as leitoras a mudarem pontos de vista e objetivos, para que possam conquistar cada vez mais.

Todas as mulheres têm muitos pratinhos a equilibrar. Porém, tem algo que não pode ficar em segundo plano: você mesma. Só é possível cuidar do mundo ao, primeiramente, cuidar de si. Essa mudança de mindset é o que vai proporcionar mais liberdade na alma e dinheiro na conta.

Desejo que você, leitora, permita-se contagiar pelos ensinamentos presentes nas próximas páginas. Que termine cada capítulo com a energia necessária para seguir seus sonhos, atingir seus objetivos pessoais e profissionais e ser quem você nasceu para ser.

Boa leitura!

Rosely Boschini – CEO e publisher da Editora Gente

Este livro é dedicado à Marília Abdul Aziz,
minha mãe (*in memorian*).
Ela foi uma mulher simples, que dedicou toda a sua existência a cuidar do marido, dos filhos e dos netos, se anulando em favor do nosso crescimento e bem-estar. Ela se tornou a minha maior fonte de inspiração para fazer tudo diferente e me escolher em primeiro lugar.

agradecimentos

Foram inúmeras as pessoas que fizeram parte da construção do que considero a obra da minha vida e a minha melhor contribuição a esse mundo tão carente de boas referências, e tudo começou com a minha mãe Marília Abdul Aziz (*in memorian*).

Nem sempre fomos grandes amigas. Até os meus 20 e poucos anos, eu realmente achava que não íamos nos entender, mas nada como a fase adulta de uma mulher e seu primeiro filho para entender o que é ser mãe. É fazer o que é preciso, fazer o que ninguém faz, fazer muitas vezes o inimaginável para manter a integridade dos filhos. Ser a última a dormir e a primeira a acordar, deixar de comer para dar para o filho, deixar de se vestir para vestir o filho, andar de chinelo para poder dar um sapato novo para o filho, deixar de estudar e dar prioridade aos estudos do filho, mentir para proteger o filho, levar a culpa para poupá-lo, deixar de ganhar dinheiro trabalhando fora para poder cuidar dele – e muitas outras coisas.

Na minha infância e adolescência, eu realmente não sabia que minha mãe havia feito todas essas coisas e outras tantas. E só descobri um pouco tarde.

Deus me permitiu aprender a ser filha nos últimos anos nos quais minha mãe esteve comigo. Nesse período, pude vê-la como ela realmente era e pude honrá-la com o meu melhor daquela época. Mas como será que ela seria hoje?

Ah, mãe, se você estivesse aqui hoje eu poderia tudo, mas o tudo não pode trazê-la de volta. Eu me tornei grande, e sabe de uma coisa? Eu quis ser grande por sua causa, para contar a sua dor, para mostrar para as mulheres deste mundo que ser mãe é lindo, mas que não pode ser motivo da anulação de uma mulher.

Sem perceber, você me ensinou que uma mulher, uma mãe, só é respeitada e admirada se ela mesmo se ama, se respeita, se admira e se coloca em primeiro lugar. E é isso que eu faço e ensino a milhares de mulheres.

E esta é a mensagem que ficou tatuada no meu coração: mãe, se você estivesse aqui, eu lhe daria tudo, mas gostaria que você fosse o seu próprio tudo!

Sou grata por ter enxergado tudo isso e por ter tido tempo de corrigir a rota da minha vida, por viver os últimos anos ao seu lado já com uma nova mentalidade, mas essa frase ainda ecoa na minha mente: "Mãe, se você estivesse aqui, eu lhe daria tudo!".

Quero agradecer ao meu pai, José Carlos Reis de Souza, que, com seu forte exemplo, plantou em mim a semente da liberdade por meio do trabalho e me fez acreditar, desde nova, que eu conseguiria alcançar grandes coisas se fizesse grandes esforços. A sua contribuição foi fundamental para gerar a ambição necessária que me trouxe até aqui.

A minha eterna gratidão ao meu primeiro verdadeiro amor, Lin Yu Ju (*in memoriam*), que com toda doçura me apresentou Jesus Cristo para que eu pudesse ter uma nova vida e ainda me deixou o melhor filho do mundo de presente.

Ao melhor filho do mundo, Pedro Lin, que sempre foi amável, gentil, prestativo e compreensivo, e hoje já é um grande homem com toda a vida pela frente para se tornar quem ele desejar. Eu agradeço você por ser mais que um filho, por ser meu melhor amigo.

Agradeço ao meu marido e maior amor, Marcelo D'Angelo, que, sem reserva nenhuma, decidiu me amar como eu sou, me apoiar mesmo quando meus sonhos ainda nem tinham forma. Seu coração é cheio de bondade, dedicação e paciência, algo que atribuo como dom divino.

AGRADECIMENTOS

À melhor filha do mundo, Melissa D'Angelo, que é linda, sonhadora e obstinada em seus projetos e segue os passos da mãe para se tornar dona das suas escolhas. Eu agradeço por você acreditar em si mesma e buscar ser incrível em tudo que faz, isso me faz ter a certeza de que consegui imprimir a minha marca no seu coração e meu maior legado terá continuidade com você.

Não poderia deixar de agradecer às três mulheres que marcaram minha vida com seus exemplos de amor e dedicação:

A minha primeira sogra, Lin Wang Jin Mei, que sempre foi um exemplo de mulher determinada. Deixou a China, sua terra natal, e veio para o Brasil recomeçar do absoluto zero, em busca de uma vida melhor com toda a família, e se tornou uma referência na sua comunidade. Ainda hoje, ela trabalha com paixão e pelo prazer de ser independente e livre.

A minha segunda sogra, Mirian Janete Bertoni, que sempre foi um exemplo de amor ao próximo e, de maneira corajosa e abundante, dedicou a maior parte da sua vida a cuidar de pessoas em situação de vulnerabilidade social – e o faz até hoje, sempre com amor.

A Cinthia Cordelário, que, trazida pela minha mãe, entrou na minha vida há mais de 23 anos para me ajudar em casa e se manteve ao meu lado em todos os momentos, bons e ruins. A sua fidelidade não tem preço e a fez ser mais chegada que uma irmã.

Por fim, agradeço a todas as mulheres que passaram pela minha vida, desde as que me ensinaram algo até as que aprenderam algo comigo. Cada uma contribuiu para o meu desenvolvimento e crescimento, jornada sobre a qual tive a honra de escrever neste livro.

A todos, a minha admiração, amor, força e gratidão.

sumário

14	**Introdução:** É possível se reencontrar
22	**Capítulo 1:** Sem saída
38	**Capítulo 2:** Cansada de ser invisível
52	**Capítulo 3:** Vivendo o sonho dos outros
62	**Capítulo 4:** Dona do seu destino
72	**Capítulo 5:** Primeiro eu
86	**Capítulo 6:** O remédio é você
102	**Capítulo 7:** Vida organizada, sucesso garantido
120	**Capítulo 8:** Experimentando para criar
138	**Capítulo 9:** Você tem tudo de que precisa
152	**Capítulo 10:** Comecei, e agora?
164	**Capítulo 11:** Agora ninguém segura você!
176	**Capítulo 12:** Mova-se
184	**Capítulo 13:** O segredo da felicidade

é possível se reencontrar

INTRODUÇÃO

Em qualquer tempo em que eu temer, confiarei em ti.[1]

SALMOS 56:3

Possivelmente você está se sentindo angustiada neste momento, enquanto lê as primeiras páginas deste livro. Eu sei disso. Já estive no seu lugar e entendo o sentimento.
Há alguns anos eu também olhava para o espelho e não reconhecia o que via. Relembrava o passado e só conseguia sentir pena de mim mesma; olhava para o futuro e não via nenhuma esperança. Afinal, estava murcha por dentro e por fora, sem um pingo de amor-próprio. Mas uma luz se acendeu, me fazendo entender que ou eu tomava uma atitude naquele momento ou o tempo passaria e não restaria nem a sombra de quem eu já havia sido um dia. A lembrança dos meus sonhos de infância e a minha sede de vencer começavam a desaparecer, então percebi que era hora de agir.

Para você que ainda não me conhece, vou apenas dizer que hoje sou uma mulher obstinada, sempre em busca de soluções. Em certo momento da vida, decidi que em vez de me deixar torturar pelos problemas, focaria sempre as soluções. Mas antes de contar sobre as vitórias que obtive até aqui, gostaria de falar a respeito daquilo que me levou a escrever este livro.

Tive uma infância difícil e depositei no casamento a esperança de uma vida feliz. Tive muitos momentos de alegria nessa fase,

---

[1] Todas as citações bíblicas foram padronizadas de acordo com a Bíblia Nova Versão Internacional (NVI).

mas perdi meu marido perto do nascimento do meu primeiro filho. Naquele instante perdi também o chão, a referência, a segurança e a alegria – tudo. Com um recém-nascido nos braços e sem um real no bolso, passei dias tendo como refeição principal um copo de leite e uma fatia de bolo.

Precisei recomeçar. Voltei a atuar como fisioterapeuta, minha formação, mas com a qual nunca me identifiquei de fato. A verdade é que, naquele momento, eu trabalhava apenas para pagar as contas, era o que dava para fazer para sobreviver. Aos poucos, fui reequilibrando a vida: me casei novamente, tive a minha segunda filha e achei que, enfim, poderia me dedicar ao que imaginava que me faria uma mulher completa: o lugar de mãe, esposa e dona de casa.

Então, como muitas mulheres fazem, pedi demissão e fui cuidar da minha família, algo que eu queria havia muito tempo – afinal, não pude viver isso no primeiro casamento e, na infância, cresci em um lar tão desestruturado que sentia a necessidade de passar por essa experiência positiva. No entanto, levei mais uma rasteira da vida. Perdi a minha mãe no mesmo dia em que meu marido foi mandado embora do emprego que me permitia estar exclusivamente em casa.

Nossa situação financeira se tornou insustentável e qualquer oscilação no orçamento gerava grandes problemas. Ainda devastada pela perda da minha mãe, senti a minha vida dos sonhos desabando por não ter nenhuma renda para sustentar a família. O pouco que pudemos conquistar até ali estava prestes a ir embora. Teríamos que devolver o carro e a casa em que morávamos, tirar os filhos da escola particular e abrir mão do pequeno conforto que tínhamos conseguido alcançar. Percebi, então, que insistir em viver com o único propósito de desempenhar as funções de mãe, esposa e dona de casa estava me transformando em alguém infeliz.

Foi essa necessidade de recomeçar que deu início ao meu processo de redescoberta pessoal. Eu ainda não tinha clareza de qual caminho deveria seguir, mas pude entender algumas coisas do meu passado que foram essenciais no caminho que me trouxe até aqui, e que permitiram que eu me tornasse a mulher plena que sou hoje. Percebi que nem sempre as mulheres são coadjuvantes da própria vida por escolha. Pode

É POSSÍVEL SE REENCONTRAR

ser um processo inconsciente, no qual vamos nos doando aos poucos durante muito tempo, sem percebermos que, ao nos deixarmos de lado continuamente, acabamos perdendo a nossa essência.

Começamos com pequenas concessões: repetimos para nós mesmas que devemos continuar em uma situação de infelicidade pois nossos filhos só serão pequenos uma vez na vida, e por isso deixamos para depois cursos e formações com os quais sempre sonhamos. Cuidar de nós mesmas acaba se transformando em uma despesa de luxo, desnecessária, e separar um tempo para ler um livro, caminhar ou participar daquela aula de dança parece nunca caber na agenda familiar.

Compreendi, então, que o maior engano que podemos cometer é o de nos anularmos em benefício dos outros, pois, ao abdicar de nossas necessidades e vontades, não ficamos bem para cuidar de ninguém. Quando não somos protagonistas de nossa vida, viramos dependentes emocionais, adoecendo toda a família em um processo cheio de obrigação, culpa e vergonha. Mas entendi que era possível reverter esse processo antes de chegar a um ponto do qual não houvesse mais volta – como a perda da saúde e da integridade.

Foi quando comecei a pensar em respostas para perguntas importantes. *Se eu não me amar, como esperar que alguém me ame? Se eu não agir por mim mesma, como esperar que alguém mais o faça? Se eu não for a minha prioridade, como querer a atenção da minha família? Se eu não tiver orgulho de mim, como conseguir a admiração do outro? Se eu não for feliz, como vou tornar felizes as pessoas ao meu redor?* Refletindo sobre essas questões, entendi que a minha força vem da certeza de que, se eu não for atrás do que é melhor para mim, ninguém o fará. Se eu não me respeitar, não serei respeitada.

É claro que ser mãe, esposa e dona de casa não é pouca coisa. Muito pelo contrário. Dá um trabalho imenso, é um esforço de equilibrar pratos o dia todo. O que não pode acontecer é o seu espaço e personalidade serem cortados para que a conta feche. Todas aquelas coisas que a fazem ser quem é, seus valores, suas vontades, seus sonhos, essas precisam permanecer.

Ao compreender que necessitava manter os cuidados comigo mesma enquanto buscava equilibrar todos os outros pratos, eu conseguí mudar de atitude. Afinal, se o meu prato cair, eu também não conseguirei segurar nenhum outro, certo? Com essa nova mentalidade, minha vida começou a mudar. Passei a dar chance para o inesperado entrar em minha vida, e ganhei um novo sentido de propósito. Me permiti tentar. Aceitei retroceder para seguir em frente.

Em vez de voltar a buscar sustento na fisioterapia, área que deixei por não ter motivação e não ver possibilidades de crescimento, aceitei recomeçar – de novo. Me arrisquei nos arranjos florais sem nenhum conhecimento prévio. Dei a cara a tapa, fui julgada. Foi difícil, mas voltei a andar. Me coloquei em movimento, saí da inércia, da lamentação e do compromisso com a culpa.

Nesse caminho, com o coração e a mente abertos para novas possibilidades, descobri a roupa de mesa. Naquela época, por volta de 2014, arrumar a mesa para as refeições, com decoração, jogo americano, flores e o que mais fosse, ainda era luxo para o brasileiro. Um hábito caro, portanto, algo supérfluo para alguém como eu, que não tinha dinheiro nem para pedir uma pizza no fim de semana. No entanto, enxerguei na vontade de reunir a família para momentos alegres em casa – já que não tínhamos recursos para sair e passear – uma nova oportunidade.

Sem saber costurar direito e com o tecido mais barato que encontrei, fiz o meu primeiro conjunto de jogos americanos – que tenho até hoje. Postei nas redes sociais, e nelas passei a divulgar as peças que produzia. Foi por meio desse canal que consegui fazer a minha primeira venda: um conjunto de guardanapos a 35 reais. A satisfação que senti foi indescritível, jamais esquecerei.

Ao mesmo tempo em que experimentei um nível de realização que nunca havia sentido com qualquer outro trabalho, acreditei que se tinha conseguido vender um kit, poderia vender dez, e isso me deu forças para continuar. Passei a me colocar metas – e a batê-las! Descobri que, ao fazer algo que me trazia felicidade por meio da minha marca, a Divino Arranjo, contagiava também a minha família. Conseguimos nos organizar financeira e emocionalmente, dando os passos iniciais para uma estrutura mais sólida, em que o objetivo não era mais viver para pagar as contas, mas ter realização pessoal e sucesso financeiro.

É POSSÍVEL SE REENCONTRAR

Conforme progredia, eu compartilhava alegrias e conquistas com as minhas clientes nas redes sociais. Muitas delas começaram a me pedir que lhes ensinasse não apenas a produzir as peças de roupa de mesa, mas, principalmente, a sair da zona de dependência em que se encontravam. Elas queriam entender o meu processo e conquistar a satisfação que eu tinha alcançado por meio de um trabalho que me fazia feliz: um simples artesanato. Foi então que entendi que, mais do que ganhar dinheiro, eu havia encontrado uma missão de vida: ajudar outras mulheres a terem autonomia e independência sem abrir mão da vida em família.

Em um contexto ainda tão difícil para as mulheres, pretendo ser um instrumento de apoio para tantas mães, esposas e donas de casa que, assim como eu, lutam por sua independência, seja ela psicológica ou financeira. Quero ajudar você a se reorganizar emocionalmente e descobrir a sua melhor versão para que consiga conquistar os recursos necessários para voltar a sonhar.

Minha decisão de escrever este livro vem do entendimento de que minha experiência pode oferecer amparo e incentivo para mulheres que querem superar as diversas barreiras que lhes são impostas todos os dias no caminho da independência financeira. Afinal, hoje eu sei o quanto ter o próprio dinheiro influencia na conquista da autonomia, do poder de decisão e da liberdade.

Nas próximas páginas vou apresentar as ferramentas que desenvolvi na minha jornada de autoconhecimento e transformação de mentalidade para uma vida com mais amor-próprio. Vou mostrar como se amar em primeiro lugar, para depois poder cuidar dos outros e, por meio da minha história, provar que é possível se valorizar sem abrir mão dos cuidados com a família.

Ser uma mulher independente e realizada sem deixar de cumprir as atividades consideradas as de boa mãe, esposa e dona de casa para muitas é um objetivo praticamente inatingível. Mas neste livro eu vou mostrar que sua idade, situação ou condição social não a impedem de construir uma vida incrível, com muito orgulho de si, e de se tornar dona das suas possibilidades, empreendendo através de algo simples e prazeroso.

A cada capítulo, você será levada a descobrir algo novo sobre si mesma, será convidada a fazer algumas reflexões sobre a sua trajetória e suas escolhas e, através dos exercícios, será desafiada a ter novas experiências e a construir pontes. Tudo isso a levará ao próximo patamar, aquele que vai deixar você cada vez mais perto da pessoa que nasceu para ser.

A partir deste momento, convido você a pensar na sua vida como um presente que recebe a cada manhã, um presente que agora escolhe abrir e usar todinho a seu favor. Mergulhe nesta leitura, entregue-se a cada capítulo, reflita, desintoxique-se das coisas que tiram o brilho do seu olhar e minam a sua energia; permita-se ser desafiada, comemore as pequenas vitórias, empenhe-se em cada exercício e viva o processo com confiança. Assim, quando chegar ao fim deste livro, você estará preparada para começar sua nova história.

Está na hora de você se valorizar e ser feliz. Então, prepare-se para a sua nova jornada que a transformará em uma mulher feliz e que vende muito!

"Sucesso é a soma de pequenos esforços todos os dias."

— ROBERT COLLIER

"Sucesso é passo a passo, sem pressa, sem pausa."

— JOSÉ LUIS TRECHERA

"Escolha uma coisa e seja a melhor naquela uma coisa."

— AUTOR DESCONHECIDO

COMPREENDI QUE O MAIOR ENGANO QUE PODEMOS COMETER É O DE NOS ANULARMOS EM BENEFÍCIO DOS OUTROS.

@divinoarranjo

CAPÍTULO 1

sem saída

Se você não sabe quem é, qualquer vida serve.
Se você não sabe o que quer, qualquer coisa serve.
Se você não sabe para onde vai, qualquer lugar serve.

Desde que me propus a trilhar o caminho em direção à minha melhor versão, deparei-me com diversas histórias de mulheres que, de alguma maneira, deixaram de lado as próprias trajetórias. Uma delas vai me acompanhar para sempre, pois sintetiza como alguém pode desistir de seus sonhos e se tornar um rascunho da própria vida. Estou falando de Maria,[2] uma pessoa muito próxima a mim.

Assim como muitas mulheres que passaram por meus cursos e treinamentos nos últimos anos, Maria havia definido o cuidado do marido e dos filhos como a razão de sua existência. Abriu mão de trabalhos, passeios, roupas, vontades e sonhos, deixou de lado a sua vaidade e a sua natureza para tornar-se uma "servidora do lar" em tempo integral. Foi, aos poucos, perdendo a sua essência e terminou como alguém que apenas ocupava um papel secundário na vida dos outros, sem ter direito de escolha. Maria não decidia para onde ir, o que comeria ou como se vestiria, afinal, era totalmente dependente do dinheiro e dos afetos que lhe eram dados como migalhas por aqueles a quem ela dedicou boa parte a vida.

Pode parecer exagerado em um primeiro momento, mas, se parar para pensar, não tenho dúvida de que você também deixa de lado

---

[2] Todos os nomes aqui mencionados foram alterados para preservar a privacidade dos participantes.

Liberdade na alma e dinheiro na conta

muitas coisas que lhe importam para oferecer o seu melhor para aqueles que ama. O último chocolate da caixa fica para o filho, apesar de você estar morrendo de vontade de comer; o encontro com as amigas, do qual você abre mão para poder servir à sua família (que, na maioria das vezes, não valoriza a sua presença e ainda reclama); o cabeleireiro e a manicure do fim de semana, cancelados para não sobrecarregar o orçamento familiar que já é apertado; o trabalho – que podia nem ser tão maravilhoso assim, mas que lhe permitia ter uma renda própria e uma vida social – ao qual renunciou para se dedicar integralmente à casa. E até mesmo a possibilidade de desenvolver uma nova habilidade ou hobby, voltar a estudar e criar o próprio negócio, pois não se sente no direito de usar tempo e recursos financeiros da família em algo só seu.

Claro que a renúncia faz parte da vida, em especial quando se trata de atender às demandas familiares. No começo da vida em casal, nada mais natural para a maioria das mulheres do que se doar mais em benefício dos filhos pequenos que foram tão desejados. No entanto, à medida que o tempo passa e as coisas se ajeitam, sua autonomia precisa ser, aos poucos, resgatada. Afinal, em relações saudáveis, cada um abre mão de algo para que a vida de todos vá bem. Porém, fique atenta: se você for a única a precisar ceder mesmo nessas pequenas negociações, alguma coisa está errada. Foi assim com Maria e com tantas outras mulheres que pensaram *comigo vai ser diferente* e utilizaram essa convicção como argumento para deixar de lado os próprios sonhos e objetivos – primeiro de modo temporário e, depois, definitivo.

Maria perdeu o pai amoroso e trabalhador ainda criança e viveu um inferno nas mãos de um padrasto alcoólatra. Muito cedo, ela passou a cuidar dos irmãos, enquanto todos eram vítimas de violência doméstica e levavam uma vida difícil e escassa. Passou a trabalhar fora para ajudar os pequenos e a mãe, que vivia apenas em função daquele amor nocivo, deixando de lado os cuidados com as crianças. Talvez tenha sido esse o começo de sua morte em vida, quando renunciou aos estudos e à oportunidade de ter um futuro promissor para cuidar daqueles que passaram a depender dela para sobreviver. Sofreu a dor de não ser querida e aceita por muitos anos, até que finalmente acreditou

SEM SAÍDA

encontrar o afeto que tanto procurava quando conheceu aquele que viria a ser o seu marido.

Maria se encantou. Nunca havia recebido tanta atenção e tanto carinho. Rendeu-se àquela paixão e acreditou que sua vida com aquele homem seria diferente – experimentaria, enfim, a felicidade. De fato, os primeiros anos, apesar de humildes, foram ótimos. Maria queria refazer a família que perdeu e, para isso, parou de trabalhar quando chegaram os dois filhos. Decidiu se empenhar para ser a melhor mãe que poderia para as crianças e a esposa mais dedicada para o marido, como uma espécie de confirmação de que os tempos difíceis haviam ficado para trás. Maria, que já não tinha completado os estudos, passou a ocupar-se apenas dos cuidados com a família. Seu grande objetivo era construir – e manter – um lar feliz para aquelas pessoas. Só que ela se esqueceu de algo importantíssimo: incluir o próprio desenvolvimento naquele plano.

O ressentimento reivindicou seu lugar

Maria era pura dedicação. Cuidava da casa e das crianças pequenas enquanto o marido seguia estudando e trabalhando, o que o fez crescer muito profissionalmente. Porém, a vida seguiu. Os filhos cresceram e o homem com quem havia se casado se tornou bem-sucedido, com outros assuntos e interesses para além do círculo doméstico. Enquanto a família ia ao clube nos fins de semana, Maria ficava em casa preparando o almoço caprichado que aqueles dias mereciam. Quando viajavam para a praia, ela não ia, pois alguém precisava cuidar do cachorro, que não podia ficar sozinho. Como uma espectadora da própria família, ela assistia aos outros viverem, servindo apenas de apoio para as tarefas domésticas.

Aos poucos, Maria se tornou uma pessoa agressiva e irritadiça, que reclamava de tudo e todos. O seu bom humor característico deu lugar a falas amarguradas, passando a ser reconhecida como aquela pessoa que todos evitavam. Afinal, além de não ter assuntos interessantes para compartilhar, já que só sabia cuidar da casa e dos outros, adotou um discurso de autopiedade. Se colocava como escrava do lar, vítima da ingratidão de todos e cada vez mais cobrava a atenção e o reconhecimento daqueles a quem tanto se doava. Eles, porém, se afastavam cada vez mais. Os filhos não entendiam o que a prendia a um casamento tão infeliz, e o marido, já distante, não enxergava o quanto havia contribuído para aquele sofrimento. Maria se tornou uma pessoa áspera, ressentida e melancólica – e quanto mais isso acontecia, menos atenção recebia.

Talvez, neste ponto, você esteja passando por uma mistura de sensações, reconhecendo padrões dessa história na sua vida. Ao mesmo tempo em que se pergunta como Maria pôde aceitar viver das migalhas deixadas por seus familiares, também se identifica com aspectos da história dela. Afinal, toda mulher sabe como dói dar o que tem de mais precioso – sua vida, seu tempo, sua dedicação – e não receber o devido reconhecimento por isso; oferecer seus melhores anos para a construção de um relacionamento com companheirismo e confiança e perceber que lutou sozinha; abrir mão de um trabalho para se dedicar ao lar e perceber que não tem liberdade nem dinheiro para comprar um batom sem depender do marido, como se fosse um favor. Eu também passei por muitas dessas reflexões enquanto me via sem renda, dependente e sem esperança.

Independência financeira é fundamental

Assim como Maria, muitas e muitas mulheres acabam presas a uma vida de dependências, tanto emocionais quanto financeiras. Para se ter uma ideia, de acordo com uma pesquisa do Instituto Brasileiro de Geografia e Estatística (IBGE),[3] a taxa de desocupação feminina (9,8%) é maior que a taxa média nacional (7,9%). Isso significa que uma boa parcela da população que não exerce nenhum tipo de atividade remunerada, ou seja, que não recebe dinheiro pelo trabalho que desenvolve, é formada por mulheres.

Além disso, muitas são as mulheres do país que não têm nenhuma fonte de renda, o que quer dizer que ou vivem na miséria ou são dependentes – seja de auxílios do governo, seja de alguém que as sustente.

---

3   Pesquisa Nacional por Amostra de Domicílios Contínua (Pnad Contínua), feita no ano de 2019, pelo Instituto Brasileira de Geografia e Estatística (IBGE).

SEM SAÍDA

Portanto, para a maioria das mulheres, ter uma renda própria faz toda a diferença – inclusive para manter a estrutura familiar equilibrada e saudável. Sim, porque sou totalmente a favor da família! Hoje, entendo que mulheres que não deixam de cuidar de si mesmas têm mais oportunidades e melhores condições de cuidar muito melhor dos outros ao redor.

Aprendi isso na prática, tanto na minha vida quanto ao acompanhar as trajetórias de muitas mulheres que conseguiram, por meio de um pequeno negócio próprio ou do artesanato associado ao empreendedorismo, voltar a sonhar. Isso porque entenderam que valorizar e cuidar da família não é a única maneira de fazer parte ativa e produtiva da sociedade. Afinal, cuidar de você não significa deixar de cuidar da família. Pelo contrário. Ao se cuidar, você ensina aos seus filhos a importância do amor-próprio e estabelece com o seu companheiro um relacionamento baseado em respeito e admiração – já que cada um desempenhará o seu papel no núcleo familiar, mas garantindo e preservando a sua essência. E para esse processo, ter independência financeira é essencial.

Quando insisto no tema da independência financeira, falo tanto com a mulheres que trabalham com carteira assinada quanto com as que desenvolvem algum tipo de atividade remunerada informal – seja preparando brigadeiros ou salgados para festa, costurando, lavando ou passando roupas para fora, desenvolvendo algum tipo de artesanato, ou, ainda, retomando uma profissão depois de anos fora do mercado de trabalho formal. Não importa. Qualquer trabalho que lhe confira a liberdade de tomar decisões sobre a sua vida sem precisar pedir autorização para terceiros é válido.

Ter dinheiro no bolso significa ter autoestima e coragem. E sabe por quê? Porque quem vive abrindo mão de tudo, com medo de desagradar por ter gastado demais no mercado ou por ter comprado uma sandália que realmente estava precisando, vai se apagando um pouco a cada dia. Quem ensaia pedir dinheiro para ir à manicure já esqueceu o que é se valorizar. Quem precisa justificar ou mentir sobre qualquer compra não tem mais controle sobre a própria vida, é apenas refém. Quem ainda se sente grata ao companheiro por ser sustentada e não abre a boca para reclamar de nada, com medo de ser abandonada, já morreu em vida.

Estou dizendo que casar e ter filhos é ruim? Que ser dona de casa em tempo integral é errado? De maneira nenhuma. Estou afirmando, apenas, que família precisa ser sinônimo de porto seguro para **todos** que dela fazem parte. Que o lar deve acolher e trazer confiança, mas que todos os seus moradores precisam cooperar e compartilhar, percebendo-se valorosos uns para os outros, a começar por você.

Sabia que "de cada quatro mulheres que sofrem violência doméstica, uma não denuncia o agressor porque depende financeiramente dele"?[4] Cruel, não? Mas tem mais: no ano de 2022, o Brasil bateu um triste recorde: uma média de quatro mulheres mortas por dia. Entre as regiões do país, o Norte liderou o aumento na violência de gênero em 75% em relação ao mesmo período de 2019. Apenas na região Sul foi registrada uma queda, 1,7%, o que é muito pouco dada a gravidade do crime.[5,6]

A Lei do Feminicídio[7] tipifica o assassinato que envolve violência doméstica e familiar, e um dos maiores desafios é a falta de informação. O medo e a dependência podem desestimular a denúncia por parte de algumas mulheres, tristemente. Entretanto, não se esqueça: ao perceber os primeiros sinais de violência doméstica, a coisa certa a fazer é buscar informação e ajuda especializada e, dependendo do caso, entrar em contato com unidades de apoio imediatamente.

---

4   DEPENDÊNCIA financeira: obstáculo para mulheres denunciarem agressor. **Jornal Nacional**, 23 jan. 2019. Disponível em:https://g1.globo.com/jornal-nacional/noticia/2019/01/23/dependencia-financeira-obstaculo-para-mulheres-denunciarem-agressor.ghtml. Acesso em: 16 abr. 2023.

5   BRASIL teve recorde de feminicídios no primeiro semestre de 2022. **Instituto Brasileiro de Direito de Família**, 13 dez. 2022. Disponível em: https://ibdfam.org.br/noticias/10312/Brasil+teve+recorde+de+feminic%C3%ADdios+no+primeiro+semestre+de+2022. Acesso em: 1º abr. 2023.

6   BUENO, S.; LAGRECA, A.; SOBRAL, I. Violência contra meninas e mulheres no 1º semestre de 2022. **Fórum Brasileiro de Segurança Pública**, 7 dez. 2022. Disponível em: https://forumseguranca.org.br/publicacoes_posts/violencia-contra-meninas-e-mulheres-no-1o-semestre-de-2022/. Acesso em: 1º abr. 2023.

7   BRASIL. Lei no 13.104, de 9 de março de. Altera o art. 121 do Decreto-Lei nº 2.848, de 7 de dezembro de 1940 - Código Penal, para prever o feminicídio como circunstância qualificadora do crime de homicídio, e o art. 1o da Lei no 8.072, de 25 de julho de 1990, para incluir o feminicídio no rol dos crimes hediondos. Brasília: Secretaria Geral da Presidência da República, 2015. Disponível em: https://www.planalto.gov.br/ccivil_03/_ato2015-2018/2015/lei/l13104.htm. Acesso em: 16 abr. 2023.

SEM SAÍDA

SAIBA PARA QUEM LIGAR![8]

- **Disque 190** se for uma urgência, emergência, ou até mesmo agressão, pois, em caso de flagrante, a polícia pode entrar e intervir imediatamente.
- **Disque 180** para falar com a Central de Atendimento à Mulher, que funciona diariamente, vinte e quatro horas por dia, e pode ser acionada de qualquer lugar do Brasil e em mais dezesseis países de forma anônima. O número recebe denúncias ou relatos de violência contra a mulher, reclamações sobre os serviços prestados pela rede de apoio e orienta as vítimas sobre os próximos passos. Com a ligação, a denúncia será investigada e as medidas protetivas necessárias para cada passo serão colocadas em ação.
- **Contate a Defensoria Pública do seu estado** para orientação quanto aos direitos e deveres da vítima.
- **Busque Centros de Referência de Atendimento à Mulher da sua região** quando necessário. Esses são espaços de acolhimento, atendimento psicológico e social, orientação e encaminhamento jurídico à mulher em situação de violência.

Mesmo que essa não seja a sua realidade hoje (e espero de coração que não seja!), não é preciso chegar ao extremo de uma agressão física ou emocional para saber o quanto dói na alma o desprezo e a ingratidão daqueles a quem mais amamos. E, infelizmente, muitas mães, esposas e donas de casa se acostumaram a viver desse jeito. É hora de mudar esse cenário.

Uma vida só de perdas

Maria foi uma das mulheres que aceitou o lugar de abandono relegado a ela pela própria família, e afundou na depressão. Tratada como um acessório da casa, era como se só funcionasse em benefício da família,

---

8 COMO pedir ajuda em caso de violência doméstica e familiar. **Coordenadoria Estadual da Mulher em Situação de Violência Doméstica e Familiar do Tribunal de Justiça do Rio Grande do Sul.** Disponível em: https://www.tjrs.jus.br/novo/violencia-domestica/orientacoes/como-pedir-ajuda/. Acesso em: 16 abr. 2023.

suas poucas alegrias lhe eram retiradas dia após dia. Uma delas era um carrinho de modelo simples, mas que lhe garantia certa liberdade e mobilidade. O carro foi bastante usado, até que quebrou. E mesmo que existissem condições financeiras para arrumá-lo, ela própria não tinha autonomia para arcar com esse gasto e não se achava no direito de pedir ajuda porque, na sua visão, não trabalhava e, portanto, não contribuía. Ninguém se importou em tomar uma atitude e o automóvel terminou encostado.

Outra pequena distração era usar um computador antigo para jogar paciência. Um dia, ele parou de funcionar e, mais uma vez, ninguém considerou arrumar, afinal, só ela usava. Para Maria, então, restou cultivar hábitos que causavam ainda mais conflitos, como ir ao bingo, onde encontrava amigas de longa data, e que lhe trazia alguma diversão. A família tanto a censurou, dizendo que era perda de tempo e de dinheiro (sendo que o gasto era mínimo), que ela parou de ir e se afastou ainda mais das poucas amigas. Até o cigarro que ela fumava, seu único escape, era condenado. Tudo o que fosse para ela lhe era retirado. Toda distração que buscasse era tida como fútil e severamente desprezada ou condenada. Sua vida era só de perdas.

Acho importante explicar que ter autonomia, nesse caso, significa poder escolher as coisas boas e as ruins. Ou seja, cuidar da própria vida como uma pessoa adulta quer dizer cometer erros e acertos. Afinal, você pode estar pensando que a família de Maria teve uma atitude que mostrava cuidado, já que ir ao bingo ou fumar são considerados maus hábitos. Mas entenda que, para quem não tem nada, essas poucas atividades representavam muito. Até porque se a família estivesse mesmo pensando no bem-estar, teria se preocupado com aquilo que lhe era relevante, como o carro e o computador, além de liberdade para gastar com roupas, outros materiais de cuidado pessoal e tantas outras considerações que foram sendo deixadas pelo caminho.

Olhando por esse prisma, fica mais fácil compreender que a independência tem menos a ver com a quantidade de dinheiro que se ganha, e mais com o fato de que ter alguma renda pode significar manter a dignidade dentro do núcleo familiar, movimento que muitas vezes impede que a mulher fique refém de uma realidade que a diminui.

TER DINHEIRO NO BOLSO SIGNIFICA TER AUTOESTIMA E CORAGEM. E SABE POR QUÊ? PORQUE QUEM VIVE ABRINDO MÃO DE TUDO, COM MEDO DE DESAGRADAR POR TER GASTADO DEMAIS NO MERCADO OU POR TER COMPRADO UMA SANDÁLIA QUE REALMENTE ESTAVA PRECISANDO, VAI SE APAGANDO UM POUCO A CADA DIA.

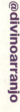

@divinoarranjo

Para Maria, o resultado disso tudo foi a renúncia. Ela entregou os pontos e foi se abandonando. Ganhou peso, cortou o cabelo para não dar trabalho, ou seja, não precisar gastar, e não se preocupava com o que vestia, porque estava sempre à mercê dos serviços domésticos. Seu exterior era o mais preciso reflexo do que se passava por dentro, o que causava muita vergonha aos filhos. O marido vivia ausente, emocionalmente distante e com interesses em outras mulheres. Não tinham mais um relacionamento, apenas conviviam.

Tudo isso fez com que Maria se tornasse somente dor e angústia. Não era mais uma mulher que sonhava, não tinha mais nome ou personalidade, virou apenas "a mãe". E ela nunca conseguiu sair desse personagem. Os filhos cresceram, se casaram e foram viver a vida fora do lar materno. O marido se tornou cada vez mais um estranho.

Maria se não se conformou com a falta de reconhecimento de toda essa situação, tendo entregado a vida toda para a sua grande aposta de felicidade: a família que ela imaginava construir e que lhe devolveria a sensação de carinho e pertencimento que sempre buscou na infância difícil. Foi só muito tarde que percebeu que a vida passou e ela se perdeu cuidando de todos enquanto, na verdade, queria que alguém cuidasse dela. Ela ficou sozinha, sem dinheiro e doente. De modo silencioso, Maria desenvolveu uma doença cardíaca severa, talvez por tanta frustração e mágoas acumuladas ao longo de sua vida. Aos 62 anos, o seu coração parou de bater e não havia ninguém ao seu lado, pois todos estavam vivendo a própria vida.

Ter renda garante autoestima e liberdade de escolha

A morte de Maria me trouxe muitas reflexões. Foi uma das minhas grandes motivações para compreender que o tema da independência financeira feminina era fundamental, sendo um importante instrumento para resgatar e transformar vidas – e, até mesmo, salvá-las.

Será que o caminho de Maria não teria sido diferente se ela tivesse a chance de viver de maneira mais digna, fazendo as próprias escolhas? Será que, se tivesse autonomia para tomar decisões, ela não teria sido mais respeitada dentro da própria casa? Que se ela tivesse

SEM SAÍDA

construído algo de que se orgulhasse, não teria conquistado a admiração e respeito dos filhos? O dinheiro enquanto riqueza não passa de papel, mas a renda como forma de garantir a autoestima e a liberdade de cada um escolher como viver passou a ser uma das grandes bandeiras que decidi levantar com o meu trabalho a partir desse triste acontecimento.

Digo isso a partir da compreensão de que não temos como ser as melhores versões de nós mesmas se não pudermos tomar decisões básicas que vão desde o que comeremos no café da manhã até com quem vamos passar o resto da vida, e de que maneira isso acontecerá. Quem se vê obrigada a suportar um relacionamento sem cumplicidade, admiração ou respeito o faz por não enxergar opções, seja de forma consciente ou não.

E assim muitos relacionamentos ainda se perpetuam pela dor, e não pelo amor, tendo como base duas carências básicas: a de afeto ou a de dinheiro (e muitas vezes, os dois juntos). A pessoa que não sabe quem é, o que quer e para onde vai, depende de alguém que lhe aponte a direção – e, obviamente, será sempre o caminho mais conveniente para o outro.

Devotar a vida em benefício da família, como Maria fez, deixando de lado o autocuidado e as próprias necessidades, é, muitas vezes, escolher viver sem alma. E não existe ser humano no mundo que possa levar uma vida plena de significado sem sua essência, seus sonhos, sem aquilo que o move.

Um caso que representa de modo comovente o quanto o excesso de limitações e a falta de liberdade para tomar decisões impacta na existência de uma pessoa é o das mulheres indianas. De acordo com dados oficiais do governo da Índia, em 2022 houve uma média de 61 suicídios de donas de casa por dia. Apesar de aterrador – uma mulher a cada vinte e cinco minutos – esse número não é surpresa. Desde 1997, quando os dados começaram a ser levantados, mais de 20 mil donas de casa indianas se suicidam todos os anos.[9]

---

9 PANDEY, G. O que está por trás de onda de suicídios de donas de casa na Índia. **BBC News Brasil**, 16 dez. 2021. Disponível em: https://www.bbc.com/portuguese/internacional-59680950. Acesso em: 16 abr. 2023.

No Brasil, o tema também chamou a atenção das autoridades. Em 2015, uma campanha para conscientização acerca do suicídio foi lançada e ficou conhecida como Setembro Amarelo, chamando atenção ao Dia Mundial de Prevenção ao Suicídio, celebrado em 10 de setembro.[10]

Segundo as autoridades, a causa desses suicídios está em "problemas familiares" ou "questões relacionadas ao casamento". Isso é bem mais profundo porque é resultado de uma somatória de várias situações agudas e recorrentes que se acumulam e se intensificam durante anos, até décadas. Entre elas, destaco a depressão e a ansiedade.[11] Segundo a Organização Pan-americana de Saúde (Opas), estima-se que mais de 300 milhões de pessoas pelo mundo sofrem com esses transtornos, ou seja, cerca de 5% da população mundial,[12] sendo que as mulheres têm 40% mais chances de serem acometidas. Muitos são os fatores ligados à depressão,[13] entre eles a estafante dupla jornada de trabalho, a maternidade, a vulnerabilidade social, as mudanças hormonais e também as particularidades do sistema neurológico feminino.

Falemos também da síndrome do ninho vazio, que é quando a mulher enfrenta a fase em que o filho se torna independente e sai de casa.[14, 15] De acordo com a professora do Departamento de Saúde

---

10 SETEMBRO amarelo - mês da prevenção do suicídio. **Tribunal de Justiça do Distrito Federal e dos Territórios**, 2019. Disponível em: https://www.tjdft.jus.br/informacoes/programas-projetos-e-acoes/pro-vida/dicas-de-saude/pilulas-de-saude/setembro-amarelo-mes-da-prevencao-do-suicidio. Acesso em: 27 abr. 2023.

11 DEPRESSÃO. **Organização Pan-Americana da Saúde**. Disponível em: https://www.paho.org/pt/topicos/depressao. Acesso em: 16 abr. 2023.

12 MULHERES têm 40% mais chances de sofrer transtornos mentais. **Instituto Nacional de Psiquiatria do desenvolvimento para a infância e adolescência**, 26 jan. 2021. Disponível em: http://inpd.org.br/?noticias=mulheres-tem-40-mais-chances-de-sofrer-transtornos-mentais. Acesso em: 16 abr. 2023.

13 DEPRESSÃO e ansiedade em mulheres: fatores de risco. **Hospital Santa Mônica**, 29 jan. 2020. Disponível em: https://hospitalsantamonica.com.br/depressao-e-ansiedade-em-mulheres-fatores-de-risco/. Acesso em: 16 abr. 2023.

14 BRITO, M. Síndrome do ninho vazio: como a saída dos filhos pode afetar a saúde das mães. **Faculdade de Medicina UFMG**, 20 mar. 2019. Disponível em: https://www.medicina.ufmg.br/sindrome-do-ninho-vazio-como-a-saida-dos-filhos-pode-afetar-a-saude-das-maes/. Acesso em: 16 abr. 2023.

15 SÍNDROME do ninho vazio: como pais e filhos podem diminuir o sofrimento. **Zenklub**, 21 jun. 2018. Disponível em: https://zenklub.com.br/blog/familia-amigos/sindrome-ninho-vazio/ Acesso em: 16 abr. 2023.

ACHO IMPORTANTE EXPLICAR QUE TER AUTONOMIA SIGNIFICA PODER ESCOLHER AS COISAS BOAS E AS RUINS. OU SEJA, CUIDAR DA PRÓPRIA VIDA COMO UMA PESSOA ADULTA QUER DIZER COMETER ERROS E ACERTOS.

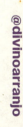

@divinoarranjo

Mental da Universidade Federal de Minas Gerais (UFMG), Tatiana Mourão, a síndrome faz parte de um processo de luto, sentimento comum ligado à perda de pessoas, objetos ou ideias. Muito comum em mães que se dedicam exclusivamente à educação dos filhos e constroem toda sua identidade de vida como esse indivíduo que vai atuar na criação e educação dessa criança, esse luto é acompanhado por alterações como baixa autoestima, sensação de impotência, oscilações de peso e até pensamentos suicidas. Essas mães também podem apresentar quadros depressivos e ter riscos relacionados ao abuso de substâncias como o álcool.

Apresento essas histórias como alerta. Elas fazem parte do mesmo problema: muitas mulheres depositam nos títulos de mãe, esposa e dona de casa a única razão de sua existência e não enxergam saída ao perceberem que a vida parece vazia e sem propósito. Lamentavelmente, muitas vezes só nos damos conta de que deixamos a própria existência de lado depois que o tempo passou.

Talvez você esteja chocada ao perceber que reconheceu alguém próximo que viveu ou está vivendo exatamente o que foi descrito neste capítulo – ou até você mesma possa estar passando por isso ou prestes a passar neste exato momento. Mas calma, você não está aqui por acaso! Vamos, juntas, capítulo a capítulo, caminhar rumo a um reencontro consigo mesma, redescobrindo novos propósitos de vida porque viver é a maior dádiva que existe e escolher se reconstruir e recomeçar será uma das suas maiores conquistas como mulher.

Convido-a agora a olhar para trás e identificar em que ponto do seu caminhar você abandonou os seus sonhos. Pergunte-se por que acha que isso aconteceu e analise as lembranças que surgirem. Será que existe algo no seu passado que a impede de seguir em frente? Aproveite as linhas abaixo para escrever sobre isso.

De quais sonhos você abdicou para servir à sua família?

_____
_____
_____
_____
_____
_____
_____

Quais sacrifícios você já fez em benefício da sua família?

_____
_____
_____
_____
_____
_____
_____

Quer se tornar relevante?
Comece desenvolvendo um bom relacionamento entre você e o espelho.

A primeira a se levantar e a última a deitar. Foi assim que vivi durante o período em que resolvi me dedicar a ser mãe, esposa e dona de casa em tempo integral. Sempre a postos para servir à família e sem me sentir merecedora de descanso, via semanas e até meses se passarem enquanto lavava, passava e cozinhava.

Nada diferente ocorria e a coisa mais emocionante no meu dia a dia era a hora de assistir a alguma novela, um reality show ou uma série nova em que eu mergulhava com toda a minha frustração. Muitas vezes, ficava dias sem sair de casa, imersa na rotina dos afazeres domésticos e na mesmice cotidiana. Minhas grandes preocupações giravam em torno do que eu faria de almoço, da chuva que poderia atrapalhar as roupas secando no varal, do preço do tomate na feira e se as crianças haviam feito a lição de casa.

Sem perceber, comecei a sentir desespero ao pensar que tinha desejado tanto estar em casa, cuidando da minha família, mas que ao viver essa realidade eu não conseguia me sentir plena e feliz. Isso me fazia sentir culpa porque o que mais uma mulher de bem deveria querer além de cuidar da sua família com zelo e dedicação? Apesar desse sentimento, parecia egoísta querer pensar em mim, afinal todos precisavam da minha ajuda.

Lembrando disso agora, parece até que tudo aconteceu em uma outra vida. Já não enxergo ali a Valeska que sou hoje, mas consigo entender que nunca foi um retrato da minha real personalidade. No entanto, por um determinado período, me deixei levar pela fantasia que criei, de que a família seria a razão de toda a minha existência, e estive deste jeito: esquecida de mim mesma. Vaidosa que sou, entendo o cuidado com a aparência como uma espécie de compromisso comigo. Apesar disso, cheguei a passar o dia todo com a mesma camiseta e o mesmo moletom que tinha usado para dormir, afinal, para que me trocar se não teria nenhum compromisso? Não via sentido em me arrumar. Descuidei das unhas, dos cabelos e do corpo e, com o tempo, passei a ter vergonha de me olhar no espelho.

Vejo isso acontecer a todo momento e com mulheres de todas as idades. Vamos levando, aguentando frustrações e tristezas, e sofrendo caladas, não conseguimos admitir que aquilo que tanto desejamos um dia não basta para que tenhamos uma vida plena. Como se o simples ato de considerar querer mais e buscar realizar os próprios desejos fosse uma traição ao compromisso com o equilíbrio familiar.

Nesse processo, inevitavelmente perdemos parte de nossa identidade. Preenchemos os espaços da alma com as necessidades alheias e esquecemos que um dia tivemos sonhos, que queríamos fazer uma faculdade, que pensávamos em estudar outra língua, que desejávamos viajar, que havíamos planejado abrir um negócio próprio e que nos programávamos para ter uma carreira duradoura. Nos enganamos acreditando que ainda poderíamos ter tudo isso no futuro, era só questão de tempo. Que era natural deixar de lado esses planos por um tempo para podermos construir nossa família tão sonhada. Mas os anos passam – e passam rápido. E, quando menos se espera, algo parece estar fora de lugar. Um vazio começa a se instalar e não se sabe de onde ele veio. A imagem no espelho não traz mais nenhum reconhecimento. Aconteceu com você? Comigo sim.

A mudança é gradual, de tal modo que demoramos a percebê-la. Quando, enfim, a identificamos, não nos reconhecemos mais. Isso aconteceu comigo e com várias outras mulheres, das quais vamos falar a seguir.

Um relacionamento sólido não é de submissão

Meire vem de uma experiência diferente da maior parte das minhas alunas, mas compartilha a angústia da perda de identidade. Ao contrário de muitos dos relatos que ouvi, o de Meire começava a partir de sua trajetória no trabalho. Profissional bem-sucedida, ela saía de casa logo cedo e voltava muito tarde, trabalhando cerca de catorze horas por dia. Convivia pouco com o marido e os filhos, o que era um fator de grande angústia para ela, que se sentia incompleta e culpada. A situação ficou tão insustentável que, em determinado momento, resolveu renunciar à carreira e independência financeira para, assim, se livrar da culpa por não ser tão presente e prestativa como as outras mães e esposas que conhecia.

Como podem imaginar, na prática as coisas não deram muito certo. Meire se viu frustrada em meio a uma rotina doméstica caótica, exaustiva e sem remuneração. Como resultado, entrou em uma depressão profunda, tendo que tomar remédios para poder aguentar o peso de sua escolha.

Faço questão de trazer essa história porque, muitas vezes, acreditamos que apenas o nosso contexto parece difícil. Aquele velha história da "grama do vizinho ser sempre mais verde" que acaba servindo de justificativa para nossos inúmeros lamentos. Pois algo que também percebi foi que assim como passamos a creditar aos outros a responsabilidade pela nossa felicidade, o fazemos em igual medida em relação às nossas desilusões. Digo isso pensando nos muitos casos em que as mulheres acabam colocando a família como única responsável pela própria falta de atitude. Não que a família não seja, talvez, o principal motivo para que nos afastemos de nossos propósitos pessoais. No entanto, também é verdade que, frequentemente, o que temos é medo de desagradar, medo do julgamento, do que vão pensar e falar, além do pior sentimento de todos, a culpa.

Afinal, o que tanto buscamos ao formar uma família? Amor, afeto, pertencimento, companheirismo, segurança e outros tantos valores e sentimentos que trazem significado à vida. E, por isso mesmo, temos receio de colocar em risco esses bens tão valiosos que constituem a base das nossas relações mais preciosas. Porém, devemos ter o discernimento de que relacionamentos sólidos – como devem ser os familiares – não deveriam estar condicionados à nossa submissão às necessidades da outra parte. Muitas mulheres relatam que não é da vontade do companheiro que elas trabalhem fora, e acabam aceitando de bom grado essa condição insatisfatória de completa dependência porque se sentem mais responsáveis pela criação e educação dos filhos. Nessa lógica, estar presente integralmente parece ser o mais correto, mas aceitar essa posição pode revelar o medo de lidar com escolhas diferentes do que se é esperado de uma dona de casa tradicional. Muitas dessas mulheres omitem seus sonhos e anseios por medo do julgamento, cobranças e medo de perder o amor das pessoas que são importantes para elas.

E foram as opiniões tóxicas recebidas por Clara que fizeram essa mulher de origem bastante humilde – que também tive a oportunidade de conhecer em um de meus cursos – quase acabar com a própria vida. Filha de uma diarista e um pedreiro, ela passou praticamente a infância toda sozinha em casa, cuidando das tarefas domésticas e dos irmãos mais novos. Cresceu ouvindo do pai que era burra e que nunca seria ninguém na vida.

Clara buscou no primeiro casamento o apoio e a segurança com que sonhava e se deparou com um relacionamento bastante violento e abusivo que destruiu ainda mais o seu emocional. Sem nenhum apoio e instrução formal, encontrou trabalho apenas fazendo faxinas, como sua mãe. Nessa ocupação, foi muito humilhada e desrespeitada, a ponto de acreditar que não valia mais a pena viver. Justo ela, uma pessoa que já havia sido tão cheia de vida e de força de vontade, que quando criança sonhava ser professora.

Assim como Clara, quantas e quantas mulheres não acabam utilizando a régua dos outros para medir a própria importância e não veem ou não valorizam suas principais qualidades? Prova disso pode ser tirada da constatação de que boa parte da população e muitas donas de casa não percebem o valor desse trabalho,[16] enxergando

---

16 LOUREIRO, A. Ser "dona de casa" é considerado um trabalho no Brasil? **Dicas de Mulher**, 28 dez. 2022. Disponível em: https://www.dicasdemulher.com.br/dona-de-casa/. Acesso em: 16 abri. 2023.

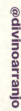

ASSIM COMO PASSAMOS A CREDITAR AOS OUTROS A RESPONSABILIDADE PELA NOSSA FELICIDADE, O FAZEMOS EM IGUAL MEDIDA EM RELAÇÃO ÀS NOSSAS DESILUSÕES.

@divinoarranjo

os cuidados com a casa como tarefas menores e irrelevantes, e não como um trabalho pesado que demanda muito de quem o faz. Mas a verdade é que tais cuidados têm grande valor.

Sem o trabalho doméstico, a humanidade sucumbiria

O que aconteceria se não estivéssemos desempenhando esses papéis? Bem, 75% de todo o trabalho não remunerado envolvendo cuidados no mundo é feito por mulheres, de acordo com a Oxfam, organização internacional com foco no combate à desigualdade.[17] Ou seja, existe uma imensa força de trabalho invisível desempenhada por um exército de mulheres, o que significa que, sem os nossos cuidados, provavelmente a humanidade sucumbiria.

Caso esses dados ainda não sejam o bastante para que você se convença da importância do seu papel enquanto guardiã do lar e cuidadora familiar, vamos falar da nossa perspectiva no cenário nacional. Calcula-se que 85% do trabalho não remunerado envolvendo cuidados no Brasil é feito por mulheres e que, se fôssemos atribuir um valor a ele, isso representaria cerca de 11% do nosso Produto Interno Bruto (PIB).[18] Traduzindo, se pegássemos toda a riqueza gerada no país, seja pelo comércio, pelas indústrias, pela agricultura ou por qualquer outra atividade econômica, que no ano de 2021 foi de R$ 8,7 trilhões,[19] o trabalho não remunerado das mulheres equivaleria a R$ 957 bilhões.

Tudo bem, talvez esses números não façam nenhum sentido para você, que pode estar se perguntando *o que isso muda na minha vida, já que não recebo um centavo pela minha dedicação?* No entanto, é importante trazê-los para que você tenha alguma dimensão do quanto o

---

17 GONZALES, A. Mulheres fazem 75% de todo o trabalho de cuidados não remunerado do mundo. **G1 Natureza**, 20 jan. 2020. Disponível em: https://g1.globo.com/natureza/blog/amelia-gonzalez/post/2020/01/20/mulheres-fazem-75percent-de-todo-o-trabalho-de-cuidados-nao-remunerado-do-mundo.ghtml. Acesso em: 16 abr. 2023.

18 SAYURI, J. Quanto vale o trabalho doméstico? **TPM**, 10 set. 2018. Disponível em: https://revistatrip.uol.com.br/tpm/as-mulheres-respondem-por-85-dos-afazeres-da-casa-e-nao-sao-nem-pagas-nem-reconhecidas-por-isso. Acesso em: 16 abr. 2023.

19 O QUE é o PIB. **Instituto Brasileiro de Geografia e Estatística**, 2023. Disponível em: https://www.ibge.gov.br/explica/pib.php. Acesso em: 16 abr. 2023.

CANSADA DE SER INVISÍVEL

trabalho das mães, esposas e donas de casa, apesar de parecer invisível, na verdade é muitíssimo valioso.

Preciso que entenda que a sua capacidade de produzir algo extraordinário é imensa – afinal, você já faz isso todo dia, sem perceber. Porém, a falta de reconhecimento acaba fazendo com que essa luta diária pareça apenas algo corriqueiro, uma vez que faz parte da vida de tantas outras mulheres. E assim, concluímos que devemos aceitar que, infelizmente, a nós não cabe mais ter qualquer outra ambição que não a de fazer a vida de nossa família mais cômoda e tranquila.

Esse pensamento disfuncional nada mais é do que uma mente cheia de crenças limitantes, o que nos torna prisioneiras de uma realidade inventada, um mundo composto de traumas e medos criados em nossa mente como forma de nos proteger de possíveis decepções, mas que muitas vezes nos sabota e nos impede de vivenciar experiências de crescimento e desenvolvimento. Antes de me aprofundar, quero primeiro esclarecer o que são essas crenças.[20]

Ao longo da vida, recebemos informações, ensinamentos e mensagens das pessoas mais próximas, bem como das situações que acontecem ao nosso redor e que, por repetição, acabam sendo impregnadas na nossa mente e se tornam verdades absolutas. É difícil percebê-las e, se não as identificamos, fica quase impossível modificá-las.

Isso acontece desde o nascimento e é na primeira infância que nosso sistema de crenças é formado. Perceba que muitos dos nossos pensamentos, formas de agir e hábitos são cópias do que nossos avós, pais e outras pessoas próximas da nossa infância tinham, falavam e faziam. Conforme vamos nos desenvolvendo ao lado dessas pessoas e no mesmo ambiente, essas verdades de terceiros vão se tornando a nossa verdade também, imprimindo marcas nos nossos pensamentos, comportamentos e atitudes, assim como nas relações que estabelecemos com outras pessoas e na forma como lidamos com as mais diversas situações da vida. Essas crenças têm diversas origens

---

20 EXEMPLOS de crenças limitantes. **Instituto Brasileiro de Coaching**, 2019. Disponível em: https://www.ibccoaching.com.br/portal/exemplos-de-crencas-limitantes/. Acesso em: 16 abr. 2023.

que vão além do núcleo familiar. A escola, o círculo de amizades, o ambiente de trabalho, a cultura em que estamos inseridos, a religião, a mídia consumida, e por aí vai. É através do que aprendemos por repetição que as crenças são formadas em nossa mente. Dito tudo isso, é muito importante esclarecer que o sistema de crenças pode ser formado por crenças positivas ou negativas. Elas podem nos fortalecer e nos encorajar, ou então podem nos limitar e nos sabotar pelo medo de experienciar algo novo.

Para que você não caia nas armadilhas que a sua própria mente pode criar, vamos falar um pouco sobre crenças limitantes, dando alguns exemplos de como elas se formam no nosso dia a dia. Assim, você conseguirá identificá-las e quebrá-las em definitivo, tendo, com isso, a oportunidade de se tornar uma pessoa cada vez mais bem-sucedida na sua jornada ao longo da vida.

O que são crenças limitantes?

São pensamentos e interpretações que nosso cérebro absorve do meio no qual estamos inseridos e que se tornam uma verdade, como um compasso moral que utilizamos para navegar pelo mundo, mas que no fundo são falsos, ou pelo menos não verdades absolutas que devem ser seguidas sem uma avaliação rigorosa. Essas crenças impedem a nossa vida de se tornar melhor, de avançarmos, crescermos e, pior, de conquistarmos nossos sonhos, pois estão associadas a medos, preconceitos, conformismo e negatividade.

Vou apresentar um exemplo prático de crença limitante que é bem comum: mulheres que se autodenominam "dedo podre" porque acreditam só conseguir atrair homens que não prestam, muitas vezes tiveram a imagem desse companheiro definida pelas experiências de outras pessoas. Ao crescer num ambiente onde avó, mãe, tia ou irmã passaram por situações difíceis ligadas a relacionamentos abusivos, abandono e traições, forma-se essa ideia de que homens são todos iguais, ideia que fica impressa na mente como uma verdade que faz com que todos os seus pensamentos e sentimentos sobre esse assunto criem a falsa sensação de que não há esperanças de um relacionamento saudável e feliz porque todos os homens são iguais.

PRECISO QUE ENTENDA
QUE A SUA CAPACIDADE
DE PRODUZIR ALGO
EXTRAORDINÁRIO
É IMENSA – AFINAL,
VOCÊ JÁ FAZ ISSO TODO
DIA, SEM PERCEBER.

@divinoarranjo

Eu sei que talvez você esteja pensando *mas eu realmente só atraio homens que me fazem mal, essa situação é real para mim*. E sim, é real, porque tudo em que colocamos nosso pensamento, nossas emoções e sentimentos atraímos para nós. Muitas teorias explicam isso, entre elas a tão falada e difundida Lei da Atração. O assunto tomou repercussão mundial com a escritora australiana Rhonda Byrne, autora do livro best-seller *O Segredo*,[21] que deu origem ao filme que impactou o mundo todo com suas teorias e pesquisas mostrando que os pensamentos são muito mais do que apenas sinapses que passeiam pelo cérebro ao longo do dia; são frequências vibratórias que atraem frequências similares, movimentando as circunstâncias até que o fruto do seu pensamento se manifeste na mesma frequência do que você emitiu. Ou seja, se seu foco é algo bom, é o que você receberá, se o foco é algo ruim, é o que você sintonizará. Rhonda Byrne afirma ainda que o que importa não são os pensamentos, e sim os sentimentos, a forma como você se sente quando pensa em algo.

Não existem palavras certas ou positivas, somente sentimentos puros – ou a falta deles –, logo, ao pensar em atrair algo, o primeiro passo para viver esse algo, seja ele bom ou não, é sentir; ou seja, se sentimos que não será bom, se os pensamentos são de que todo homem é ruim, é assim que vivenciaremos a experiência, atraindo homens maus. Já se nos sentimos merecedoras de alguém especial, se focarmos esse sentimento, é isso que viveremos. Por isso a importância de eliminar as crenças negativas a que fomos submetidas. Substituí-las por crenças positivas de automerecimento, força e amor permitirá que nos sintamos dignas de viver aquilo. Assim, atraímos a mesma frequência, ou seja, recebemos do universo aquilo em que tanto colocamos nosso coração.

Muitos outros autores famosos falam sobre isso, entre eles alguns que se destacaram com best-sellers, como o estadunidense Napoleon Hill e seu livro *Pense e enriqueça*,[22] o canadense Bob Proctor com *Você*

---

21 BYRNE, R. **O Segredo**. Rio de Janeiro: Sextante, 2015.

22 HILL, N. **Pense e enriqueça**. Rio de Janeiro: Best-Seller, 2020.

CANSADA DE SER INVISÍVEL

nasceu rico[23] e a brasileira Elainne Ourives com *DNA Milionário*.[24] Todos são autores incríveis e que usam a ciência para explicar esse fenômeno de reprogramação da mente com pensamentos e sentimentos de merecimento, amor e gratidão. Mas essa capacidade da mente já vem sendo ensinada há milhares de anos em outra importante obra, uma com a qual acredito que todos esses estudiosos tiveram contato e com que muito aprenderam. Talvez isso simplifique o seu entendimento sobre criar novas verdades a seu respeito, acreditar que é possível conquistar seus sonhos e que você é merecedora delas.

Com ensinamentos milenares de muita sabedoria, registrados antes mesmo que a ciência pudesse explicar como nossos pensamentos, palavras e sentimentos poderiam ser usados contra ou a nosso favor, a Bíblia em toda a sua simplicidade já nos ensinava.

Como se fôssemos uma antena, a Bíblia nos mostra que podemos ligar e desligar nossas frequências boas ou ruins e, com isso, temos a consciência de que somos capazes de mudá-las também. Lembre-se de Mateus 18:18: "Em verdade vos digo que tudo o que ligardes na terra será ligado no céu, e tudo o que desligardes na terra será desligado no céu".

É importante lembrar que o medo é um sentimento tão comum e sua origem é a dúvida e a insegurança. Quando damos muita atenção a esses pensamentos, eles crescem e nos paralisam, e isso gera mais medo e mais insegurança. É um ciclo que deve ser quebrado, pois quanto mais focamos, mais atraímos, até que o medo se torna real. Relembre Jó 3:25: "Porque aquilo que temia me sobreveio; e o que receava me aconteceu".

Entenda que o coração é a sede das emoções e tudo o que você tem de valor está armazenado lá. Se nele há coisas boas e grandiosas, nosso tesouro também o será, e o contrário também vale. Percebeu quanto poder temos em nossas mãos para aprendermos a usar?

---

23 PROCTOR, B. **Você nasceu rico**: as chaves para maximizar o incrível potencial que nasceu com você. Curitiba: Ilda Maria Pegorini, 2018.

24 OURIVES, E. **DNA Milionário**: aprenda a reprogramar a sua mente, cocriar a sua realidade, mudar quanticamente o seu DNA, aumentando a sua frequência vibracional para entrar em ressonância e alinhamento com o sucesso financeiro. São Paulo: Gente, 2019.

Mas a verdade é que nos vemos exaustas. Cansadas de nos sentir desvalorizadas e insignificantes, de trabalhar a favor dos sonhos de todos e ver os nossos próprios afundarem em um mar de esquecimento porque decidimos cuidar de todo mundo primeiro. Para mulheres cuidadoras, parece que tudo pode ser deixado para depois. O grande problema acontece quando você percebe que nunca sobra tempo, recurso ou energia para gastar com essas coisas.

Depois de anos ou décadas de dedicação integral à família, o resultado é que você se vê sem apoio, sem poder decidir nada sobre a própria vida, sem o próprio dinheiro e, em vários casos, sozinha. Esgotada e muitas vezes com a saúde física e emocional comprometidas, fica quase impossível não estar com a autoestima baixa. Quando chegamos a esse ponto, passa a ser muito mais difícil trilhar o caminho de volta.

Portanto, a chave que precisa ser virada e que pode fazer toda a diferença entre caminhar para a desesperança definitiva ou mudar de vez o rumo da sua trajetória tem a ver com encarar o espelho e reconhecer a pessoa que está do outro lado, em vez de ignorá-la, e partir em resgate dos seus sonhos. Para isso, é preciso deixar de sonhar os sonhos dos outros e abrir espaço para reencontrar os seus que estavam escondidos. E é isso que vamos fazer no próximo capítulo.

Separe um momento só para você, certifique-se de que ninguém vai atrapalhá-la, e vamos dar um mergulho profundo no espelho.

1. Sem maquiagem, descalça e vestindo uma roupa bem comum do seu dia a dia, coloque-se diante de um espelho, se possível daqueles de corpo inteiro. Observe atentamente o que vê.
2. Observe seu rosto, seus olhos, seu nariz, suas orelhas, suas marcas, seus cabelos, seus braços, suas mãos, sua barriga, suas pernas, seus pés.
3. Olhe atentamente para a sua aparência refletida no espelho. Com muita calma, descreva com riqueza de detalhes quem é essa mulher que você vê.
4. Agora feche os olhos e olhe para dentro do seu coração. Descreva de forma bem específica tudo de bom que você guarda dentro de si. Vasculhe o seu íntimo, busque tudo de emocionante, grandioso, amoroso, generoso, as lembranças, sentimentos, cheiros, enfim, tudo que faz parte do seu tesouro.

Se eu não me achar, quem vai me achar?
Se você não se achar, quem vai te achar?

A posto que, ao olhar para a trajetória das mulheres da sua família, você vai encontrar um padrão mais ou menos igual. Suas avós, bisavós e todas as que vieram antes delas tinham em comum a previsibilidade da própria vida. Desde meninas, foram criadas para servir aos outros. Ensinadas a cozinhar, bordar, costurar e cuidar, encontravam o ponto alto de sua existência no casamento, geralmente logo no início da vida adulta, que seria coroado com a missão de trazer filhos ao mundo. Era uma história cujo principal objetivo era a realização dos sonhos dos outros, repleto do conformismo de ser apenas uma espectadora das conquistas alheias, deixando, assim, suas próprias expectativas de lado.

As gerações se passaram. Mesmo não existindo mais a imposição social do casamento como única alternativa de vida, ainda ficou enraizada em cada uma de nós a convicção de que o nosso ideal de felicidade reside, acima de tudo, nas funções de mãe, esposa e dona de casa. Esse sentimento ainda é forte na maioria de nós que, muitas vezes, sequer o questionamos, só corremos atrás dessa realização, sem sequer levar em consideração nossas aspirações pessoais. Mas as coisas estão mudando, a cada ano, e as estatísticas comprovam isso. O número de divórcios no Brasil atingiu recorde de 386,8 mil em 2021, mostram os dados do Registro Civil 2021. Já sobre os casamentos, depois de uma grande queda no primeira ano de pandemia, houve 932,5 mil registros de casamentos em 2021, com alta de 23,2% se comparado a 2020.[25]

Em relação a nascimentos[26, 27] o IBGE mostra que o número de registros também caiu entre 2019 e 2020. A queda foi de 4,7%, após redução de 3% em 2019. Em 2021, o Brasil registrou o terceiro ano seguido de queda no número de nascimentos. E, além disso, cada vez mais mulheres estão desistindo da maternidade ou simplesmente estão fazendo prevalecer a vontade de nunca ter filhos. No Brasil, 37% das mulheres não querem ter filhos, apesar da série de pressões sociais e culturais, do inabalável relógio biológico e da ideia de feminilidade relacionada à maternidade. Segundo uma pesquisa global realizada pela farmacêutica Bayer, o índice chega a 72% no mundo. Embora essa escolha seja legítima, elas ainda continuam difíceis de serem gerenciadas, de acordo com a psicóloga Daiana Quadros Fidelis, mestre em psicologia clínica que tem como tema de pesquisa a não maternidade e a maternidade tardia. "A simples afirmação 'não quero ter filhos' é seguida pela pergunta: 'mas por que não?' É como se a mulher fosse obrigada a se justificar, porque toda menina cresceu ouvindo que se 'nasce' com esse desejo."[28]

Confundimos o ato de cuidar com instinto ou com vocação, de modo que a doação acaba se tornando uma espécie de trunfo, de prêmio por tamanha abnegação. Afinal, quem não conhece uma mulher que leva quase o título de mártir por viver única e exclusivamente para a família e que se orgulha disso – mesmo sentindo-se desvalorizada e usada quando fala sobre suas escolhas? Eu, pelo menos, conheço muitas.

Hoje, por mais que as mulheres estejam inseridas no mercado de trabalho ou tenham passado a empreender, ainda entendem que é preciso

---

25 DIVÓRCIOS batem recorde, casamentos voltam a subir, enquanto nascimentos seguem em queda no Brasil. **Inteligência Financeira**, 16 fev. 2023. Disponível em: https://inteligenciafinanceira.com.br/aprenda/planejar/divorcios-casamentos-nascimentos-dados-ibge/. Acesso em: 16 abr. 2023.

26 *Ibidem.*

27 REGISTROS de casamento e nascimento no Brasil têm queda em 2020, aponta IBGE. **G1 Economia**, 18 nov. 2021. Disponível em: https://g1.globo.com/economia/noticia/2021/11/18/registros-de-casamento-e-nascimento-no-brasil-tem-queda-em-2020-aponta-ibge.ghtml. Acesso em: 16 abr. 2023.

28 FONTES, L. "Geração NoMo": no Brasil, 37% das mulheres não querem ser mães. **O Tempo**, 1º out. 2020. Disponível em: https://www.otempo.com.br/interessa/geracao-nomo-no-brasil-37-das-mulheres-nao-querem-ser-maes-1.2392795. Acesso em: 16 abr. 2023.

VIVENDO O SONHO DOS OUTROS

que o pacote seja completo. Podemos ter uma profissão, mas para nos sentirmos completas precisamos estar totalmente presentes no lar, dando conta de todas as tarefas. Como se trabalhar fora ou ter o próprio negócio fosse uma concessão que jamais poderia atrapalhar as tarefas relacionadas ao contexto familiar. Afinal, fomos condicionadas a acreditar que sucesso profissional e família não cabem na mesma história.

Desde muito cedo, os valores ditos "femininos" são ensinados pelas famílias e escolas, além de estarem presentes na maioria das religiões, onde a mulher ideal, a "mulher de bem", é aquela que tem como meta de vida constituir família, de preferência numerosa. Mesmo aquelas que buscam preencher a lacuna da satisfação pessoal são impelidas a se satisfazerem com algum tipo de artesanato, geralmente um trabalho não remunerado, tido como menor e sem importância, que lhes confere o título de mulheres prendadas, selando, assim, o auge e o limite possível para as suas conquistas pessoais. É ou não é assim que funciona?

Como sempre, preciso dizer que não existe nada de errado em decidir ser essa mulher, mas deve haver a clareza de que se trata de uma escolha. No entanto, até hoje não conheci ninguém que tenha se realizado, de fato, vivendo apenas em benefício dos filhos ou de um relacionamento amoroso. Pois, ao serem rotuladas e limitadas a viver exclusivamente o sonho e as conquistas dos outros, a maioria dessas mulheres acaba abdicando de seus sonhos pessoais e de suas conquistas profissionais, caminhando para uma vida de conformismo, frustração, ansiedade, depressão, sofrimento físico e psíquico e solidão.

No entanto, tenho a clareza de que nenhuma mulher opta conscientemente por esse caminho. É o caso de Kátia, que nasceu e cresceu em um lugar em que se ganha e vive com muito pouco e onde, culturalmente, as mulheres não estudam nem trabalham fora. Casada e com duas filhas, ela era uma moça entristecida e, mesmo que ainda fosse jovem, já estava conformada com essa situação. Afinal, a realidade dela era a mesma das amigas e das irmãs, além de ter sido a mesma da mãe e de todas as mulheres de sua família. Kátia vivia uma insatisfação velada, pois revelar que se sentia frustrada por ser apenas mãe, esposa e dona de casa era ir contra tudo o que conhecia como ideal de família.

Essa noção de que nosso lugar enquanto mulheres se restringe ao espaço do lar vem de muito longe e, acreditem, já foi muito pior.

As amarras do patriarcado

A nossa sociedade, culturalmente fundamentada no patriarcado, coloca sobre nossos ombros o sentimento de culpa por querermos ser um indivíduo para além do papel de mãe e esposa. Se você parar para pensar que os direitos das mulheres e sua participação na sociedade são conquistas bastante recentes, consegue perceber o tamanho do problema. A verdade é que "durante séculos, perdurou a imagem da mulher em condições equivalentes à de escrava, numa época em que ser livre significava, basicamente, ser homem. As funções primordiais femininas eram a reprodução, a amamentação e a criação dos filhos".[29]

Desde alguns dos mais antigos registros que se tem conhecimento, existem relatos que colocam a mulher em um lugar de submissão ao homem. "O filósofo grego, Aristóteles, explica que essa submissão das mulheres aos homens, deu-se pela superioridade da autoridade masculina diante das vontades do casal, bem como da necessidade de as mulheres se guardarem no interior da família, cumprindo o papel de mãe e dando educação aos filhos."[30] Além disso, "até o século XVII, só se reconhecia um modelo de sexo, o masculino. A mulher era concebida como um homem invertido e inferior, desta forma, entendida como um sujeito menos desenvolvido na escala da perfeição metafísica. No século XIX a mulher passa de homem invertido ao inverso do homem, ou sua forma complementar".[31]

Do ponto de vista religioso, por séculos as mulheres também foram impedidas de ter os próprios pensamentos e tiveram confiscada a liberdade de ir e vir. Hoje, porém, podemos ter o discernimento

---

29 BARONI, A.; CABRAL, F. K. B.; CARVALHO, L. R. de. Uma análise da história da mulher na sociedade. **Direito Familiar**, 1º abr. 2020. Disponível em: https://direitofamiliar.com.br/uma-analise-da-historia-da-mulher-na-sociedade/. Acesso em: 16 abr. 2023.

30 *Ibidem*.

31 SILVA, G. C. C. da S. et al. A mulher e sua posição na sociedade: da antiguidade aos dias atuais. **Revista da Sociedade Brasileira de Psicologia Hospitalar**. v.8, n. 2, 2005. Disponível em: http://pepsic.bvsalud.org/scielo.php?script=sci_arttext&pid=S1516-08582005000200006. Acesso em: 16 abr. 2023.

VIVENDO O SONHO DOS OUTROS

de entender de maneira menos engessada e intolerante o papel da mulher sob a ótica religiosa.

Perceba: sou cristã, conheço os ensinamentos da Bíblia e jamais preguei contra a família, mas vejo que as interpretações dos ensinamentos bíblicos, em sua maioria, são distorcidos e tirados de contexto como forma de manipulação de uma sociedade carente de atenção. Não faz mais sentido, no mundo moderno em que vivemos, que coloquem a mulher em posição de inferioridade, como se o nosso lugar fosse única e exclusivamente dentro do lar. Pelo contrário. Acredito em um Deus que nos ensina a sonhar grande e trago para o meu dia a dia essa crença, que tem como base um dos versículos bíblicos que mudaram a minha mentalidade acerca de quão grande eu posso me tornar dentro de casa e da sociedade:

"Porque, como imaginou no seu coração, assim é ele." Provérbios 23:7

E, com isso em mente, lutei por cada sonho que conquistei, sem jamais deixar que o fato de ser mulher me colocasse em uma posição de não merecimento. Contudo, mais difícil do que sair desse ciclo que perpetua valores antigos de submissão feminina e nos coloca como mães, esposas e donas de casa acima de qualquer sonho ou vontade particular, é evitar a armadilha da dependência emocional.

Pouco tempo atrás, li uma matéria que trazia em seu título a seguinte frase: "Na nossa cultura, homens aprendem a amar muitas coisas, e mulheres, a amar os homens". Tratava-se de uma entrevista com a professora Valeska Zanello, coordenadora do grupo de estudo Saúde Mental e Gênero, do Departamento de Psicologia Clínica da Universidade de Brasília (UnB).[32] Em linhas gerais, a matéria fala sobre o quanto nos tornamos "amor centradas". Pois, enquanto os homens estavam aproveitando a vida, ou seja, trabalhando, estudando, construindo coisas, passeando, viajando, saindo com os amigos, as mulheres viviam em torno da busca por um amor e, depois, preocupando-se se ele era correspondido ou não.

---

32 AZENHA, M. "Na nossa cultura, homens aprendem a amar muitas coisas e mulheres, a amar os homens". **Marie Claire**, 5 fev. 2021. Disponível em: https://revistamarieclaire.globo.com/Comportamento/noticia/2021/02/na-nossa-cultura-homens-aprendem-amar-muitas-coisas-e-mulheres-amar-os-homens.html. Acesso em: 16 abr. 2023.

Dessa maneira, nossa percepção sobre a vida acaba sendo construída a partir do olhar dos homens, sendo a solidão feminina, portanto, sinônimo de fracasso. Hoje, em um contexto em que aprendemos a amar os homens acima de nós mesmas, o pior pesadelo seria o de ficarmos sós – enquanto, no passado, o medo do abandono no casamento vinha da pressão da sociedade do ponto de vista da honra, uma vez que as mulheres descasadas eram tidas como imorais e ficavam marcadas.

As mulheres, nos dias de hoje, por terem pavor da solidão, seguem desistindo de seus sonhos pelo temor de causar qualquer instabilidade em seus relacionamentos. Desistem de colocar suas vontades, desistem de opinar, de dizer o que pensam e, pouco a pouco, perdem a identidade ao se anularem de inúmeras formas, disfarçando essas renúncias em nome de uma sensação idealizada de amor incondicional, de devoção. No entanto, de tanto se doar, uma hora não se tem mais nada para oferecer. A fonte seca e a pessoa adoece. Foi o que aconteceu com Tânia e Lourdes, mais duas alunas minhas, cujas histórias vamos conhecer a seguir.

Abnegação em excesso

Após o nascimento do segundo filho, uma menina, Tânia deixou o trabalho que tinha em uma empresa de seguros para se dedicar à família. A ideia inicial era cuidar exclusivamente dos filhos até que a mais nova completasse dois anos, momento em que Tânia retomaria a carreira. Porém, com o tempo, alguns comportamentos da menina mostravam que havia algo diferente com ela. Depois de muitos exames e consultas médicas, descobriram que ela precisaria de cuidados frequentes e de uma dedicação maior por parte dos pais.

Como você pode imaginar, Tânia desistiu de retornar ao mercado de trabalho. Decidiu dar atenção integral à família, em especial à caçula. Ela aguentou firme por um tempo, mas a sensação de impotência por não poder ajudar a filha como gostaria e a culpa que carregava no coração, como se tivesse sido ela a responsável pela condição daquela criança, fizeram com que Tânia desenvolvesse uma profunda depressão. Seu sentimento era de que, por mais que se doasse, nada seria o bastante.

Adoeceu a ponto de o marido, que já se desdobrava com o filho, ter que cuidar dela também. No caso dela, o marido esteve ao lado, mas

LUTEI POR CADA SONHO QUE CONQUISTEI, SEM JAMAIS DEIXAR QUE O FATO DE SER MULHER ME COLOCASSE EM UMA POSIÇÃO DE NÃO MERECIMENTO.

@divinoarranjo

conheço centenas de outras Tânias que ao entrarem nessa autoflagelação emocional, ficaram doentes e sozinhas, em um ciclo de autodestruição pessoal e familiar.

Causas nobres, como essa, acabam sendo a origem de abnegação de muitas mulheres. Em princípio, cuidar de um filho que precisa de atenção especial pode parecer motivação e propósito suficientes para uma vida inteira. No entanto, aos poucos, essas mulheres percebem que as melhores intenções também podem virar uma prisão, fonte infinita de angústia e solidão. Afinal, se viver dos sonhos dos outros não dá certo, é de se imaginar que viver do sofrimento dos outros só pode gerar mais dor.

O caso de Lourdes foi semelhante. Ela se perdeu no apego exagerado à doença da filha e esqueceu-se de que, um dia, teve vida própria.

Independente, ela tinha formação em Engenharia e um bom cargo em uma grande e conhecida empresa. Porém, ficou grávida e perdeu seu primeiro bebê poucos meses depois de dar à luz por conta de um problema renal congênito. Foi uma experiência bastante traumática, motivo que a fez deixar o emprego por não ter condições de lidar com aquela dor.

Lourdes se recuperou e engravidou de novo. Durante a gestação, descobriu que a filha tinha uma anomalia semelhante à do bebê que havia perdido. Por sorte, o diagnóstico foi prematuro. Antes mesmo do parto, começou o tratamento e sua menininha ficou bem.

Lourdes, no entanto, passou a ser uma mãe exagerada, com cuidados excessivos. Seu medo de perdê-la era tão grande que a tornou extremamente protetora, ignorando todo o resto a seu redor, vivendo única e exclusivamente para a sua menina. Apesar de saber que existia um mundo fora de casa e sentir falta de sua autonomia, não conseguia deixar a filha aos cuidados de mais ninguém. Por conta do medo e da culpa que sentia, passou a ser apenas uma sombra da mulher que fora um dia.

Enxergar a dor dessas mulheres e seus vazios nos ajuda a ver melhor como nos abandonamos também, buscando primeiro suprir as demandas de quem amamos, realizando os seus sonhos e os amparando para, somente depois, olharmos para nossos próprios desejos e necessidades. Ao entendermos as origens e as razões de nossas atitudes que nos prendem a uma realidade que não nos realiza, passamos a reconquistar o nosso poder de decisão, de ir e vir, de aceitar ou rejeitar oportunidades – e, assim, voltar a sonhar os nossos próprios sonhos.

Antes de mais nada, leia atentamente algumas das definições que o dicionário[33] traz sobre a palavra Autonomia:

1. Capacidade de autogovernar-se, de dirigir-se por suas próprias leis ou vontade própria; soberania.
2. Faculdade própria de algumas instituições quanto à decisão sobre organização e normas de comportamento, sem se dobrar ou ser influenciadas por imposições externas.
3. Liberdade moral ou intelectual do indivíduo; independência pessoal; direito de tomar decisões livremente.

Agora faça uma autoanálise sincera, olhando para a sua história, para a sua rotina, para os seus comportamentos na sua vida atual e responda: **Você se considera uma mulher que tem autonomia?**

_____
_____
_____
_____
_____
_____
_____
_____
_____
_____
_____
_____

O objetivo desse exercício é fazer com que você consiga enxergar qual o nível de liberdade que tem atualmente. O autoconhecimento é parte importante do desenvolvimento.

---

33 AUTONOMIA. *In*: MICHAELIS: Dicionário Brasileiro da Língua Portuguesa. São Paulo: Melhoramentos, 2023. Disponível em: https://michaelis.uol.com.br/busca?id=EMnj. Acesso em: 22 jan. 2023.

Eu vi o futuro e decidi morar nele.

Caminhamos juntas até aqui e acredito que criamos um laço de cumplicidade, certo? Já me sinto à vontade para me considerar sua parceira nesta jornada (já me sentia desde o início, mas quis disfarçar até aqui, para não parecer muito intrometida). Entendo que o percurso pode não ter se mostrado dos mais fáceis. Revelamos dores muito profundas, angústias e feridas ao conversarmos sobre como as mulheres abrem mão dos próprios sonhos, sacrificando-se em favor da manutenção da família. E isso diz respeito a todas nós. É claro que machuca.

Tenho certeza de que você se enxergou em diferentes pontos dessa trajetória, e se sente pronta para mergulhar fundo comigo em busca da sua melhor versão. Agora você tem condições de entender que a sua dor é a mesma que a minha e a de tantas outras mulheres que acreditavam que a felicidade estaria no outro, mas que perceberam que a nossa verdade só pode estar dentro de nós mesmas. Isso tudo significa que uma mulher independente emocional e financeiramente se torna uma melhor mãe, uma esposa mais feliz, uma dona de casa muito mais produtiva e, por que não, uma empreendedora de sucesso. Repare que falei sobre independência emocional e financeira, pois as duas estão profundamente ligadas.

Quando falo de autonomia, de ter a sua própria renda e algo que a motive, estou falando de uma profunda transformação mental. Já contei lá na introdução sobre as provas pelas quais passei; elas foram fundamentais no meu processo de amadurecimento e no reconhecimento do meu lugar como mulher, tanto dentro da minha família quanto perante o mundo. Em razão desses acontecimentos, compreendi que não importava se o meu companheiro poderia ou não sustentar a casa, eu precisava ter autonomia financeira para garantir o meu equilíbrio emocional, a minha razão de ser, a minha segurança psicológica.

Se hoje eu faço algo que amo e pelo qual sou reconhecida, naquele tempo eu ainda não tinha essa realização nem algo que me motivasse. O que eu tinha era muita escassez e foi essa a minha principal motivação para sair daquele lugar de lágrimas, vitimismo e acomodação, e passar a me comprometer com a transformação.

Mas isso tudo teve um lado bom, muito bom. Foi a partir dessas minhas vivências que desenvolvi estratégias que têm ajudado milhares de mulheres a encontrar os próprios caminhos rumo à independência sem precisar abrir mão de seus papéis como mãe, companheira e dona de casa.

Essa aventura como empreendedora teve início de maneira quase que intuitiva, como uma forma de preencher o vazio que sentia quando estava exclusivamente voltada para os cuidados com a casa e a família. Mas eu aceitei o desafio e deu certo, muito certo – tanto financeira quanto emocionalmente. Venci. Agora, é sua vez de trilhar o mesmo caminho e se desenvolver.

O legado das mulheres que inspiram

Hoje, quando vejo histórias de empreendedoras bem-sucedidas, me sensibilizo. Pois, além de serem relatos tocantes, lembro da minha própria jornada com orgulho. Afinal, apenas os nossos travesseiros sabem quantas lágrimas cada uma de nós já derramou enquanto buscava construir algo em que acreditasse e que fosse de fato relevante.

Assisti outro dia à série *A vida e a história de Madam C.J. Walker*,[34] e fiquei bastante comovida. Trata-se de uma minissérie baseada na vida de Madam C. J. Walker, nascida Sarah Breedlove, a primeira filha

---

[34] A VIDA e a história de Madam C.J. Walker. Direção: Kasi Lemmons. Produção: SpringHill Entertainment. Netflix. 2020. Quatro episódios (231 min.). Disponível em: https://www.netflix.com/br/title/80202462?source=35. Acesso em: 16 abr. 2023.

DONA DO SEU DESTINO

de um casal de escravos a nascer em liberdade no ano de 1867, no estado da Luisiana, nos Estados Unidos. Obstinada em construir uma vida melhor para ela e sua filha, Walker desenvolve linhas de produtos especiais para os cabelos dos negros e passa a fazer um grande sucesso ao montar a própria rede de salões de beleza. Em algumas décadas, e mesmo passando por todo tipo de preconceito e desafios, conseguiu se tornar a primeira mulher milionária da história do seu país, fato que consta, inclusive, no *Guinness World Records.*

Essa história me tocou profundamente porque fala de uma empreendedora decidida a entregar algo novo para um mundo carente de coisas simples; alguém que viu na própria experiência brotar uma ideia e se atreveu a sonhar e a criar o seu negócio para melhorar a vida de outras mulheres como ela. Ela encontrou nisso a única opção possível para conquistar independência e respeito em uma época em que ser mulher e negra era sinônimo de quase nenhum estudo, e dispondo basicamente de habilidades voltadas exclusivamente para o cuidado e a manutenção das famílias. Sem reconhecimento ou remuneração adequada por se tratar de afazeres sem valor para a sociedade, sua luta foi ferrenha, mas o seu desejo em estabelecer um legado era maior.

Trajetórias como essa não estão distantes das de tantas brasileiras que também encontraram no empreendedorismo a única saída para o seu sustento – principalmente depois de se tornarem mães. Para se ter uma ideia, hoje as mulheres representam quase metade dos profissionais à frente de micro e pequenas empresas no Brasil. São quase 30 milhões de empreendedoras (45,6% do total).[35]

É claro que muitas mulheres dessa estatística empreenderam por falta de opção, por não terem lugar no mercado de trabalho, seja por conta dos filhos, da falta de estudo, de qualificação ou, ainda, por perderem postos de trabalho para homens. No entanto, um número significativo de mulheres, assim como eu e você, enxergaram no empreendedorismo a oportunidade de conquistar a tal

---

35 PESQUISA mundial de empreendedorismo divulgada no projeto Sebrae 50+50. **Serviço Brasileiro de Apoio às Micro e Pequenas Empresas**, 2021. Disponível em: (https://www.sebrae.com.br/sites/PortalSebrae/sebrae50mais50/noticias/pesquis-mundial-de-empreendedorismo-divulgada-no-projeto-sebrae-50mais50. Acesso em: 16 abr. 2022.

independência financeira de que tanto falam, sem terem que ficar longe da família.

Ainda falaremos sobre a impossibilidade de sermos perfeitas em tudo, mas o que destaco aqui é a escolha pela liberdade financeira, mesmo que mantendo nossas atribuições como mãe, esposa e dona de casa. E garanto a você que quem realmente se compromete com o ideal de construir um negócio que vai deixar um legado nunca mais vai conseguir viver à sombra de ninguém.

Mas, então, o que seria um legado? Legado é a memória de uma forte ideologia impressa por alguém que marcou sua época por meio de um conjunto de ideias e valores, deixando isso como um patrimônio, uma herança, uma verdadeira missão de continuidade para as futuras gerações. O resultado de um trabalho feito com significado, que consegue tocar e transformar aqueles que foram impactados por ele.

Para ilustrar, trago o exemplo de uma brasileira que desde criança enfrentou todos os tipos de preconceitos relacionados a ser mulher, pobre e preta, que tinha como pais um alfaiate e uma dona de casa,[36] que estudou em colégio público e que apesar de tudo parecer ser mais difícil por ser quem foi, não foi dessa maneira que decidiu ver o mundo e viver a vida. Glória Maria (1949-2023)[37] foi a primeira repórter negra da TV brasileira. Ela estreou no dia 20 de novembro de 1971 e nunca mais parou; passou por programas de grande renome, como âncora do *RJTV*, do *Jornal Hoje* e do *Fantástico*, e repórter do *Jornal Nacional*. Viajou o mundo fazendo reportagens especiais para o programa *Globo Repórter* e de tantos outros jornais da Globo. Conheceu mais de 156 países e apesar de enfrentar o preconceito por ser mulher e negra, sempre optou por ser livre. Seu estado civil sempre foi muito curioso. Glória dizia não ser nem solteira, nem casada: "se eu tô aqui (no Rio de Janeiro), eu tô solteira, se eu tô em algum lugar do mundo, estou namorando", explicou numa entrevista. E completou: "minha

---

36 FRAZÃO, D. Glória Maria, jornalista brasileira. **eBiografia**, 2023. Disponível em: https://www.ebiografia.com/gloria_maria/. Acesso em: 16 abr. 2023.

37 ROCHA, D. 36 coisas que você talvez não saiba sobre a Glória Maria. **Buzzfeed**, 2023. Disponível em: https://buzzfeed.com.br/post/36-coisas-que-voce-talvez-nao-saiba-sobre-a-gloria-maria. Acesso em: 16 abr. 2023.

LEMBRE-SE:
SOMOS RECONHECIDAS
PELO QUE FAZEMOS DE
MELHOR E NÃO PELA
QUANTIDADE DE COISAS
QUE FAZEMOS.

@divinoarranjo

raça vem de uma história de escravidão, de falta de liberdade e eu não quero essa vida pra mim em nenhum nível, sou livre para o que eu quiser fazer". Ela investiu na própria vida, na sua liberdade e na sua carreira e, apesar de enfrentar as dificuldades comuns de uma mulher, ela nunca desistiu de viver a vida como queria. Já bem depois dos 50 anos decidiu ser mãe e adotou suas duas filhas Laura e Maria.

Glória nos deixou um legado de autonomia, autoamor e independência que marcará gerações por inspirar e motivar muitas mulheres que sentem dificuldade de enxergar como a própria vida pode ser. No entanto, deixar um legado não precisa estar apenas relacionado a algo tão profundo e abrangente como o trabalho de Glória. Esse legado pode, por exemplo, ter a ver com a educação que damos aos nossos filhos, com as lembranças e os valores que eles levam de nós e replicam em vários aspectos de sua vida. Também pode ter a ver com uma empresa que gera renda e empregos para várias pessoas, com um professor que transmite conhecimento aos seus alunos ou, até mesmo, com o impacto positivo que podemos deixar por ajudar as pessoas da nossa comunidade.

Pensando nisso, muitos nomes de mulheres me passam pela cabeça, e tenho certeza de que você também lembrará de tantas outras que deixaram positivamente sua marca no mundo. Em comum, todas elas têm a capacidade de trazer inspirações para os nossos dias e de transmitir valores, vitalidade e força que resultam em uma vontade de fazer acontecer. Elas tocam a nossa vida por simplesmente serem do jeito que são: únicas.

Guerreiras de pé

É o caso da Rosália, uma senhora que conheço há muito tempo. Durante uns trinta anos, ela teve vários negócios diferentes. Alguns deram certo; outros, nem tanto. Mas todos ajudaram a sustentar sua família, que sempre a teve como uma grande provedora.

Mesmo portadora de uma doença crônica que a fez passar por diversos episódios de intensa dor física, ela se manteve na luta, buscando ser forte e fazendo o que era necessário para entregar um bom serviço aos seus clientes.

DONA DO SEU DESTINO

Sentiu a tristeza de ser deixada pelo marido por uma aventura amorosa e, em um ato de compaixão, ela o acolheu de volta quando foi diagnosticado com cegueira irreversível em virtude da diabetes. Cuidou dos filhos muito mais do que precisaria e seguiu sendo o porto seguro da família mesmo depois de adultos, acolhendo genros, noras e netos.

Rosália, em inúmeros momentos, pensou que deveria desistir. Seria compreensível e aceitável. Mas, ela nunca se deu por vencida, pois trabalhar e fazer o seu melhor faz parte de quem ela é – e foi isto que a manteve de pé em meio a tantas adversidades: a independência.

Assim como ela, Clara, cuja história comecei há algumas páginas, teve uma história de muita dor, mas maior do que seu sofrimento, foi a sua garra para superar as adversidades. Clara, mesmo menosprezada pelo pai na infância e por tantas pessoas com quem trabalhou como empregada doméstica enquanto adulta, conseguiu trilhar um caminho de sucesso. À medida em que começou a acreditar em seu potencial, tomou coragem e se reinventou. Ela superou até mesmo os obstáculos geográficos. Moradora de uma região sem estrutura de internet, andava quilômetros até achar sinal para postar nas redes sociais e divulgar os seus produtos.

Uma mulher forte, decidida e com alegria de viver. Alguém que conheceu o lado mais duro da vida, o da escassez material e emocional. Que não teve reconhecimento, mas que criou os filhos com muito amor e uma vontade tremenda de vencer. Uma mulher que acreditou que podia mudar sua história, que correu atrás (apesar de todas as circunstâncias) e que fez toda a lição de casa – e um pouco mais. Clara não deu desculpas, não se acovardou nem retrocedeu diante dos dias difíceis. Ela apenas fez o que tinha que ser feito e conquistou o seu espaço com simplicidade e originalidade – além de um largo sorriso no rosto. Uma empreendedora que agora tem autonomia para se sustentar e cuidar de sua família com a renda que ela mesma gera, com muito orgulho.

Assim como Clara e Rosália, há muitas outras mulheres brasileiras responsáveis por chefiar os seus lares, tenham elas um companheiro ou não. De acordo com o IBGE, o número de mulheres que são as principais responsáveis financeiras de seus lares vem crescendo a cada ano, girando em torno de 34,4 milhões de pessoas. Isso significa que quase metade das casas brasileiras são chefiadas por mulheres – situação bem diferente da que era vista alguns anos atrás.[38]

Quero deixar claro é que apenas você pode dizer qual será o caminho que decidirá trilhar nos próximos anos. Pense um pouco e imagine como pretende ser lembrada: como alguém que deixou um legado, uma trajetória para o futuro, passos a serem trilhados ou como uma pessoa que abdicou da própria vida e terminou os seus dias amargurada e sem nenhum reconhecimento? Lembre-se: somos reconhecidas pelo que fazemos de melhor e não pela quantidade de coisas que fazemos.

Chegou a hora de assumir um compromisso com você mesma e com os seus objetivos daqui para frente. Fale em alto e bom som quais são seus sonhos e vamos juntas correr atrás de torná-los realidade.

Tenho convicção de que, se eu consegui, você também consegue. Se acreditar que em você existe mais do que um colo de mãe ou a recepção acolhedora da dona de casa, que tem algo relevante a entregar para esse mundo através do seu trabalho e, com isso, quer conquistar a sua autonomia emocional e financeira, tenho certeza de que conseguirá.

Vou ajudá-la a trilhar um novo caminho, passo a passo, rumo à sua independência. Essa jornada a libertará dos medos, das culpas e das ilusões que impedem você de ser a mulher que sempre sonhou sem que precise deixar de lado a família que tanto desejou construir. Você descobrirá que cuidando de você mesma e garantindo o seu poder de decisão, acabará se tornando uma mãe, esposa, companheira e dona de casa muito melhor e, o mais incrível de tudo isso, dona de si mesma.

Estamos juntas nisso. Estamos todas lutando e precisamos ter a consciência de que unidas somos mais fortes. Vamos, então?

---

38 PHELIPE, A.; BARBOSA, M. Mulheres são responsáveis pela renda familiar em quase metade das casas. **Correio Braziliense**, 16 fev. 2020. Disponível em: https://www.correiobraziliense.com.br/app/noticia/economia/2020/02/16/internas_economia,828387/mulheres-sao-responsaveis-pela-renda-familiar-em-quase-metade-das-casa.shtml. Acesso em: 16 abr. 2023.

Acredito que agora você já está pronta para dar os próximos passos nessa jornada de autoconhecimento, rumo à sua independência emocional e financeira. Desse modo, proponho que faça um exercício muito poderoso, repetindo-o pelo menos uma vez por dia até o término desta leitura. Talvez no começo você o ache bobo e desnecessário, mas eu garanto que ao final você terá uma grata surpresa, pois sentirá uma enorme mudança de pensamento que fará com que suas forças se multipliquem.

1. Para começar, vá para um local onde ninguém possa interromper você. Coloque uma música bem tranquila de fundo (de preferência, uma melodia instrumental).
2. Sente-se de maneira confortável, feche os olhos e respire fundo três vezes. Comece a se imaginar daqui a um ano. Se enxergue linda e bem-vestida. Observe que o local em que você está também mudou, a sua casa está diferente, mais tranquila, mais nova, mais clara.
3. Agora, se veja fazendo aquela viagem ou aquele passeio que está na sua lista dos sonhos.
4. Se veja rindo e se sentindo feliz com as pessoas que você ama à sua volta, aplaudindo-a. Enxergue todos esses detalhes e guarde essa imagem na sua mente.
5. Perceba como você está feliz e como as pessoas estão tranquilas e se sentindo seguras ao seu lado. Veja como você é importante e como as pessoas a admiram e a respeitam.
6. Por fim, utilize as linhas a seguir para escrever com carinho sobre tudo o que viu no seu futuro e se você se sente preparada para morar nele.

_____
_____
_____
_____
_____
_____
_____

CAPÍTULO

5

primeiro eu

Amarás o teu próximo como a ti mesmo.

MATEUS 22:39

Boto a minha mão no fogo se você já não disse pelo menos uma das seguintes frases: "Minha família é meu tudo"; "Meus filhos são a minha prioridade"; "A família sempre vem em primeiro lugar"; "Meu filho é o meu maior tesouro"; "Se eu não fizer, quem é que vai fazer?". Caso não as tenha falado, tenho certeza de que pelo menos agiu de modo condizente com elas por diversas vezes.

Já vimos nos capítulos anteriores a base desse comportamento. Séculos e séculos de mulheres sendo subjugadas, criadas em uma cultura na qual o casamento e a maternidade estão fundamentados em uma entrega absoluta e irrestrita ao bem-estar do outro, que vem disfarçada de missão de vida.

Desse modo, sempre nos colocarmos no fim da fila das prioridades de nossas próprias histórias em favor de outras pessoas, ficando apenas com as sobras do tempo, do dinheiro, da vida.

Você sabia que a sobrecarga de atividades domésticas, o acúmulo de tarefas somado a pequenas ações de autoanulação, ano após ano, acaba sendo responsável por 45,6% dos transtornos mentais em donas de casa,[39] que passam a apresentar sintomas de depressão, ansiedade, tristeza, irritabilidade e dificuldade de memória e concentração? Isso

---

39 PINHO, P. de S.; ARAÚJO, T. M. de. Associação entre sobrecarga doméstica e transtornos mentais comuns em mulheres. **Revista Brasileira de Epidemiologia**, v.15, n.3, 2012. Disponível em: https://doi.org/10.1590/S1415-790X2012000300010. Acesso em: 16 abr. 2023.

sem contar as doenças ortopédicas como dores na coluna[40] e reumáticas, como fibromialgia,[41] bursites, hérnias de disco e tantas outras oriundas de esforços repetitivos por causa do trabalho doméstico exaustivo – sem pausa, sem férias, sem cuidados e sem remuneração.

Analisando o comportamento de milhares de mulheres que já passaram por mim desde 2002 por meio dos trabalhos que desenvolvo, compreendi que não temos condições de cuidar de ninguém, seja dos filhos, do marido ou, até mesmo, de um animalzinho de estimação, sem antes cuidarmos de nós mesmas. Quando essa ficha caiu, aconteceu uma verdadeira revolução na minha vida.

Abrindo os olhos para um novo mundo

Passei por uma virada de chave tão poderosa que percebi o que deveria fazer para iniciar o meu processo de resgate e transformação – tudo isso sem me ferir ainda mais e sem ferir as pessoas que eu amo e tento proteger a qualquer custo.

Esse processo de transformação permitiu que a minha caminhada como empreendedora começasse, e o primeiro projeto que empreendi foi o resgate e a reconstrução dos meus sonhos. Todo esse despertar que levou ao meu primeiro passo na retomada da minha autonomia aconteceu subitamente ao ler um versículo muito conhecido da Bíblia.

Mesmo já tendo lido e ouvido aquela passagem incontáveis vezes, daquela vez a mensagem surgiu como uma grande revelação. Senti como se meus olhos tivessem sido abertos, pois aquele trecho soou completamente diferente e se revelou a minha maior libertação como mulher. Trata-se do versículo que está em Mateus 22:39 e que abre este capítulo: "Amarás o teu próximo como a ti mesmo".

Percebi que nunca o tinha compreendido verdadeiramente. A ideia que sempre me vinha à mente estava relacionada com o amor ao próximo, o que reforçava o conceito de dedicação absoluta e de entrega

---

40 DONAS de casa e domésticas podem ter graves lesões na coluna. **Expressa Comunicação**, [*s.d.*]. Disponível em: https://www.expressacom.com.br/sala-d-imprensa/donas-de-casa-e-domesticas-podem-ter-graves-lesoes-na-coluna/. Acesso em: 16 abr. 2023.

41 FIBROMIALGIA afeta mais mulheres. **Blog Saúde em Destaque**, 23 ago. 2016. Disponível em: https://hospitalsantaclara.com.br/fibromialgia-afeta-mais-mulheres/. Acesso em: 16 abr. 2023.

PRIMEIRO EU

ao outro. Porém, dessa vez, enxerguei, de fato, toda a sua extensão. Entendi que amar ao próximo como a mim mesma me colocava, antes, em primeiro lugar. O amor pelo outro deveria ser um reflexo do cuidado que eu deveria ter comigo. Essa atenção a mim mesma era necessária para que eu pudesse estar bem e inteira para, enfim, ter o que dar a qualquer outra pessoa, fosse ela um filho, um marido ou um desconhecido que precisasse da minha ajuda.

Como eu nunca tinha percebido essa verdade? Sempre esteve lá, na Bíblia. O ensinamento nunca foi amar ao próximo em primeiro lugar, mas me amar primeiro e, estando bem, estender esse mesmo amor ao próximo, ou seja, **primeiro eu**.

Fiquei muito feliz ao receber essa revelação de Deus. Mas uma coisa era saber que eu deveria vir em primeiro lugar, outra muito diferente era colocar isso em prática.

Grande parte da dificuldade em se pôr em primeiro lugar está relacionada ao sentimento de culpa e remorso em estar tomando algo de alguém mais frágil – como os filhos, por exemplo –, ao medo do julgamento e de ser taxada como egoísta e – um dos mais cruéis sentimentos – a sensação de não ser merecedora. Por isso parece tão aceitável se colocar em último lugar em tudo.

Consegue enxergar como nosso comportamento segue um padrão destrutivo e o quanto isso pode afetar a todos que estão ao nosso redor? Ninguém pode ser feliz sendo capacho dos outros, mesmo que sejam pessoas que amamos. E é por isso que ouvimos e repetimos tantas frases como: "Eu não sou sua funcionária"; "Eu faço tudo nesta casa"; "Quero ver quando eu morrer, como é que vocês vão se virar"; "Quando eu morrer vocês vão sentir falta"; "Tudo eu, se eu não cozinhar vocês morrem de fome"; "Eu não posso viajar porque alguém tem que ficar com o cachorro".

Quando foi que nos descuidamos tanto a ponto de esquecermos das nossas próprias vontades? Dizemos que amar é se doar totalmente, sem esperar nada em troca – um prato cheio para uma vida de servidão, seja nos relacionamentos afetivos, no trabalho ou nas amizades.

Mas é possível mudar essa realidade. Na verdade, mais que possível, é fundamental.

Assuma o primeiro lugar sem culpa

Para começar a sua transformação dando o passo inicial em direção à sua melhor versão para ter uma vida de autonomia emocional e financeira a partir dos próprios talentos, é primordial que aprenda a pensar primeiro em você, sem culpa.

O que isso quer dizer na prática? Significa olhar para você, se cuidar, respeitar as suas vontades e os seus limites. Mais ainda, se tratar com carinho através de pequenos atos de autopremiação, como no final de um dia cansativo tirar uns minutos para fazer um sonoro nada, ficar de pernas pro ar; se aceitar com cada um dos seus defeitos e qualidades e celebrando a graça de estar viva e com saúde; se perdoar de coisas do passado porque o que passou não pode ser mudado e agradecer a lição já aprendida; suprir as suas necessidades como por exemplo cuidar da sua alimentação, do seu corpo e mente como prioridades para que a vida seja vivida e não sobrevivida. Se permitir ter consciência sobre as suas próprias emoções, sentimentos, desejos e sensações para saber do que realmente você gosta e quer vivenciar e se desafiar a recomeçar toda vez que for necessário, porque nada dura para sempre. É necessário, ainda, compreender que tudo acontece em ciclos que precisam terminar para outros começarem. Isso se chama autoestima, um termo muito falado, mas nem sempre compreendido de verdade e que quer dizer, literalmente, gostar de si mesmo – e dentro desse gostar de nós mesmas cabe muita coisa.

Vamos nos aprofundar nisso um pouco?

Quatro pilares da autoestima

Segundo algumas vertentes da Psicologia, que é a área do conhecimento que se dedica a estudar os comportamentos do ser humano,[42] podemos explicar a autoestima[43, 44] de acordo com alguns pilares fun-

---

42 PSICOLOGIA. *In*: MICHAELIS: Dicionário Brasileiro da Língua Portuguesa. São Paulo: Melhoramentos, 2023. Disponível em: https://michaelis.uol.com.br/busca?r=0&f=0&-t=0&palavra=psicologia. Acesso em: 22 jan. 2023.

43 FUCHS, C. Os quatro pilares da autoestima. **Portal iMulher**, 19 out. 2021. Disponível em: https://portalimulher.com.br/os-quatros-pilares-da-autoestima/. Acesso em: 16 abr. 2023.

44 PILARES da autoestima. Instituto de Medicina Sallet, 2022. Disponível em: https://www.sallet.com.br/pilares-da-autoestima/. Acesso em: 16 abr. 2023.

PRIMEIRO EU

damentais, dos quais separei os quatro indispensáveis para embasar os assuntos que abordo neste livro.

Em primeiro lugar, temos a **autoaceitação**, que significa nos acolhermos e nos aceitarmos, abraçando nossos defeitos e qualidades, para termos uma visão geral de satisfação com o nosso próprio eu. Esse olhar cuidadoso e amoroso não significa fechar os olhos para aquilo que nos incomoda em nós mesmas, mas entender o porquê de as coisas estarem como estão e, em vez de nos afundarmos em culpas ou comparações, transformarmos o incômodo em ação.

A nossa aparência física é um ótimo exemplo aqui. Fazem parte desse aspecto o corpo, as unhas e os cabelos, as roupas, os pés, as mãos, o rosto e tudo o que envolve o modo como nos apresentamos para o mundo.

Engana-se quem pensa que a forma como nos arrumamos não tem a menor importância e que uma roupa é apenas um mero pedaço de tecido que foi inventado somente para nos cobrir e agasalhar. Desde a Antiguidade, os trajes são usados como forma de distinção social[45] e, com o tempo, passaram a ser instrumentos que revelam ideias e sentimentos, contando uma história. Assim, toda vez que pegamos uma roupa para vestir, estamos colocando nossas emoções e opiniões naquela escolha e expressando nossos sentimentos e pensamentos acerca de nós mesmas e das coisas ao nosso redor.

O segundo pilar da autoestima é a **autoconfiança**. Trata-se de ter uma atitude positiva sobre as próprias habilidades, reconhecendo aquilo que sabemos fazer muito bem, a ponto de nos tornarmos capazes de alcançar nossos objetivos. Quando identificamos aquilo que fazemos com excelência, temos maior capacidade para suportar as dificuldades que aparecerem no caminho, já que entenderemos que faz parte do processo não dominar tudo.

Aqui fica um alerta para que você não se sabote logo nesses primeiros passos. A insegurança é o oposto da autoconfiança e, consequentemente, o inseguro tende a enxergar apenas as suas limitações, focando só aquilo que ainda não consegue fazer tão bem. Pessoas

---

45 SANT'ANNA, P. Moda: uma apaixonante história das formas. **Sociedade Brasileira para o Progresso da Ciência**, v. 61, n. 1, 2009. Disponível em: http://cienciaecultura.bvs.br/scielo.php?script=sci_arttext&pid=S0009-67252009000100020. Acesso em: 16 abr. 2023.

assim são bastante perfeccionistas e cruéis consigo mesmas, desvalorizando tudo o que fazem, pois nada parece ser bom o suficiente.

Além disso, a insegurança as leva a ter grande dificuldade de dizer não, pois acreditam que precisam estar sempre disponíveis e serem "boazinhas" para serem aceitas ou para não serem taxadas de egoístas. Costumam, portanto, ser incapazes de falar o que pensam e de expor suas ideias por acharem que não têm valor e acabam sendo engolidas por necessidades, desejos, anseios e demandas de terceiros.

É importante destacar que todas nós temos momentos em que nos sentimos inseguras. Isso é normal e acontece, principalmente, quando passamos por uma situação em que nos falta um determinado tipo de conhecimento. No entanto, quando a insegurança domina nossa vida, ficamos paralisadas e acabamos nos esquecendo de todas as nossas melhores habilidades. A falta de autoconfiança mata a autoestima, tornando impossível que nos julguemos capazes de ter uma vida plena e equilibrada.

Existe, porém, um poderoso antídoto para afastar a insegurança e produzir maior confiança em nós mesmas: o autoconhecimento. Afinal, quanto mais você se conhece e sabe quais são as suas reais qualidades, menos se deixa abater pelos reveses da vida. Guarde isso!

Como terceiro pilar da autoestima, trago a **competência social**. O nome pode parecer meio pomposo, mas nada mais é do que a nossa habilidade de fazer contatos, ou seja, a maneira como nos relacionamos com outras pessoas e qual é o poder de influência delas em relação ao que pensamos e fazemos. A competência social tem relação ainda com a escolha de quais pessoas que colocaremos em nossa vida.

Você deve estar se perguntando: *e o que isso tem a ver com a nossa capacidade de gostarmos de nós mesmas?* Tudo. Pois a maneira como convivemos com os outros tem relação direta com a nossa vida. Quer uma prova disso? Se as pessoas com quem você mais convive são pessimistas, invejosas, recalcadas, magoadas, rancorosas, vingativas, só reclamam, não têm ambição nenhuma, não crescem, e para todo problema que enfrentam rapidamente põem a culpa em alguém, como acha que você vai ser convivendo nesse meio? Otimista, proativa e confiante é que não é.

ENTENDI QUE
AMAR AO PRÓXIMO
COMO A MIM MESMA ME
COLOCAVA, ANTES,
EM PRIMEIRO LUGAR.
O AMOR PELO OUTRO
DEVERIA SER UM REFLEXO
DO CUIDADO QUE EU
DEVERIA TER COMIGO.

@divinoarranjo

80 Liberdade na alma e dinheiro na conta

Sabe aquele bordão popular antigo: "Diga-me com quem andas que te direi quem és"? Tem uma outra frase semelhante, só que mais atual, geralmente atribuída ao palestrante Jim Rohn, que diz o seguinte: "Você é a média das cinco pessoas com quem mais anda". Ambas falam sobre o poder da influência, ou seja, sobre a capacidade do ambiente influenciar nossos pensamentos, comportamentos, ações e resultados.

Escolher de modo consciente estar mais próxima de pessoas que estão em crescimento, em evolução e em transformação pode ser fundamental para manter a autoestima elevada. Esse tipo de escolha é tão fundamental que pode sugestionar as suas decisões, tendo tanto o poder de abalar a sua confiança e paralisar ou, então, de potencializar sua confiança e projetar você para uma conquista.

Entenda: quem vai andar ao seu lado ou quem você vai ouvir no dia a dia determinará diretamente o modo como você vai se relacionar com a vida. Portanto, cerque-se de boas influências! O último pilar sobre o qual vou conversar com você é a criação de um **círculo social**, que diz respeito à forma como administramos as emoções enquanto convivemos com as pessoas que nos são mais importantes. Ou seja, como a maneira como você lida com as pessoas que estão diretamente ligadas a você no dia a dia – filhos, marido, familiares e amigos próximos – influencia a sua vida.

Quando esse círculo de relacionamentos se encontra em desequilíbrio, a percepção sobre nossa própria identidade tende a ficar comprometida. Consequentemente, nossa confiança e a influência dessas pessoas sobre nossa vida podem entrar em estado de total desarmonia, afetando a autoestima. Isso porque toda conexão social tem o poder de influenciar nossa nutrição de alma. Assim, a prática de nos abastecermos daquilo que nos faz bem, é um ato para recuperar o orgulho por quem somos ao resgatarmos o nosso amor-próprio.

Perceba o caminho que fizemos até aqui. Primeiro, você entendeu que precisa ativar o seu amor-próprio, desenvolvendo a **autoaceitação** e, então, que deve se apropriar daquilo que faz de melhor em busca

PRIMEIRO EU

da **autoconfiança**. Depois, percebeu que o modo como as pessoas influenciam a sua vida tem relação com a sua **competência social** (a habilidade de escolher com quem vai andar) e que a sua capacidade de a exercitar pode ter influência direta na sua autoestima. Por fim, compreendeu a importância de se criar um **círculo social saudável**, que precisa do equilíbrio de todos os anteriores para poder existir.

A Tânia, cuja história contei há algumas páginas, trilhou exatamente essa mesma estrada. Ela havia deixado de trabalhar para cuidar da filha especial, mas acabou entrando em uma depressão profunda, que fez com que vivesse um ciclo de horrores, já que se sentia impotente e esgotada para cuidar de quem precisava dela, porque ela mesma não se cuidava – imagine o tamanho do sofrimento. Porém, Tânia descobriu nas redes sociais algo que chamou a sua atenção. Ela viu alguém contando que havia tido uma transformação de vida por meio de um tipo de artesanato chamado "mesa posta". Isso despertou a sua curiosidade e o desejo de experimentar esse algo novo. Foi nesse momento que ela começou a se transformar.

Tânia escolheu pessoas novas com quem se relacionar, começou a lapidar suas habilidades e a admirar seus novos feitos: peças lindas, desenvolvidas por suas mãos. A transformação dela foi tão poderosa que todos ao seu redor ficaram admirados. Com isso, a filha tão amada, que precisava muito de sua atenção, enfim pôde ter uma mãe pronta para lhe oferecer o seu melhor – pois ela estava inteira, com brilho no olhar, cheia de ideias e ânimo e, enfim, tinha algo de bom para oferecer.

Não demorou muito para que essa nova atividade virasse, também, um trabalho. Com isso, em pouco tempo ela já havia voltado a sonhar, a se arrumar – mesmo que para ficar em casa – e a fazer planos. Então, com sua autoestima resgatada e com a convicção de que era alguém importante o bastante para ser a própria prioridade, Tânia despertou para a vida. Hoje, ela tem o próprio negócio no qual, por meio da prática da mesa posta, ela desenvolve um trabalho voltado para mães que têm filhos especiais e que sofrem com depressão, como ela já sofreu um dia.

Você é a personagem principal, a protagonista da sua vida

Decidir primeiro por você é benéfico para todas as pessoas que lhe são importantes. Quem já andou de avião sabe que são dadas algumas orientações antes da decolagem. Os comissários de bordo explicam os procedimentos de emergência que, resumidamente, dizem o seguinte: "em caso de despressurização, máscaras vão cair do teto e você deve **colocar a sua primeiro**". Já parou para pensar o porquê desse comando? Parece cruel, não é? Se fosse agir por conta própria, certamente sua reação seria pôr a máscara primeiro no seu filho inocente que está sentado ao seu lado ou em uma outra criança qualquer, não é mesmo? Mas, pense bem, se você fizer isso, os dois podem morrer. Ao colocar a máscara primeiro, você garante que não desmaiará por falta de oxigênio e que poderá ajudar não somente a criança que está ao lado, mas, também, muitas outras pessoas ao redor.

É deste amor-próprio que Mateus 22:39 trata: o de se importar tanto com você que possa ter condições de fazer coisas incríveis pelo outro. Consegue ver agora que o principal personagem dessa passagem não é o próximo, mas você? E que se não se escolher primeiro e fizer o melhor para você, ninguém o fará? E que se não se priorizar, não terá como ajudar os que lhe são importantes da maneira como eles precisam? Consegue compreender que para amar o próximo é preciso se amar, se colocar em primeiro lugar na sua própria vida?

É preciso ter egoísmo na medida certa – calma, não se espante! Com "egoísmo na medida certa" não quero dizer que devemos tratar apenas dos nossos próprios interesses, mas que cuidemos de colocá-los antes das necessidades dos outros, como modo de nos abastecermos e estarmos continuamente cheias, abundantes e derramando bênçãos sobre as pessoas. Do contrário, seremos atropeladas pela vida e estaremos sempre vivendo na escassez do que nos resta ao querermos entregar tudo para todos antes de suprirmos, primeiro, nossas necessidades.

PRIMEIRO EU

Vamos praticar um pouco? Refletir sobre o quanto você tem se colocado como prioridade? Para isso, responda V para **verdadeiro** ou F para **falso** nas frases a seguir.

Você:

( ) Guarda as melhores roupas somente para ocasiões especiais e no dia a dia veste qualquer coisa.

( ) Guarda os melhores pratos, talheres e roupas de mesa para as visitas e na rotina diária usa louças antigas e gastas e uma toalha de mesa surrada.

( ) Corta o cabelo bem curtinho para ter menos trabalho e gastar menos.

( ) Não faz as unhas porque lava louças sem luvas todos os dias. Desse modo, acredita que o gasto não compensaria, já que as unhas não duram.

( ) Quase nunca se presenteia.

( ) Prefere comprar o que os filhos querem do que comprar algo para você.

( ) Deixa de comer aquele chocolate que estava com vontade para guardar para alguém.

( ) Endividou-se por causa de alguém, mas no curso que você queria tanto fazer nunca teve coragem de investir.

( ) Já fez um sacrifício ao presentear alguém e depois viu que a pessoa não deu valor e mal usou o que você se esforçou para comprar.

( ) Faz mais pelos outros do que por si mesma, o que faz com que a ingratidão de algumas pessoas ainda a machuque muito.

Se a maioria das respostas foi V de verdadeiro, atenção! Sua saúde física e mental está em sofrimento e você está em perigo. É preciso equilibrar o quanto se doa para que não haja um esgotamento das suas forças, habilidades e alegria. Não há nada de errado em ser boa, mas a falta de equilíbrio põe em risco a sua qualidade de vida e, principalmente, o seu futuro.

Gosto de pensar que somos como uma latinha de azeite e que temos um pequeno furinho na parte de baixo, pelo qual nossa melhor porção escorre bem devagar, caindo como bênçãos sobre as pessoas que amamos. Porém, se não nos abastecermos continuamente, repondo através do autoamor essa porção do líquido que foi embora, uma hora secaremos e deixaremos de cumprir nosso propósito de vida.

Uma vez que a nossa latinha seca, não somos mais capazes de derramar a nossa melhor porção sobre quem amamos, então para não nos esvaziar de vez, o remédio é aprender a se abastecer e é isso que vamos aprender no próximo capítulo.

Liste a seguir pelo menos três ações imediatas de autoamor e autocuidado que você escolherá adotar como prioridade na sua rotina diária e comece amanhã mesmo.

desafio

Agora, liste pelo menos três ações mensais de autoamor e autocuidado que você escolherá adotar como prioridade na sua vida.

Estou precisando menos de tudo e mais de mim.

Até agora, falamos muito sobre como se colocar em primeiro lugar deve ser o primeiro passo de qualquer trajetória de resgate da autoestima e da autonomia. Porém, muitas vezes acaba sendo difícil perceber, na prática, quando deixamos de nos priorizar, entregando a maior parte da nossa rotina para a satisfação das necessidades dos outros. Assim, decidi explicar o que significa o termo prioridade para trazer clareza ao próximo passo.

Segundo o escritor inglês Greg McKeown,[46] "A palavra *prioridade* deveria significar a primeiríssima coisa, a mais importante". No entanto, no dia a dia de uma mulher comum – que está acostumada a fazer de tudo um pouco, sem parar um minuto – a verdadeira prioridade (ela mesma) acaba dando lugar a muitas pequenas "pseudoprioridades". Ao fim do dia, fica aquela velha sensação de não ter chegado a lugar nenhum, afinal, quem faz tudo não faz nada por inteiro.

Só que o resultado disso, a médio e longo prazo, é catastrófico. Como consequência de longos períodos sem realizações concretas e sem prazer pessoal, cultivamos sentimentos de incompetência e impotência, capazes de arrasar a autoestima de qualquer uma.

---

46 MCKEOWN, G. **Essencialismo**: a disciplinada busca por menos. Rio de Janeiro: Sextante, 2015.

Esse tipo de comportamento tem origem na convicção de que devemos dar conta de tudo, o que promove exaustão física e mental profundas, combinadas à sensação de frustração permanente. Afinal, por maior que seja a sua força de vontade, ninguém dá conta de tudo nem é boa em tudo o tempo todo – isso não existe.

Mulher multitarefas é uma lenda urbana. Sei que você deve estar chocada agora porque talvez se considerasse uma mulher multitarefas, mas a ciência provou através de pesquisas que o cérebro não se concentra em mais de uma coisa por vez.[47] Ele faz pequenas e rápidas alternâncias de foco, o que nos dá a falsa impressão de que se está mantendo a atenção em várias coisas. Mas isso é uma ilusão. A cada troca de atenção, há um tempo necessário para o cérebro se reconectar com a nova atividade, o que consome energia mental, acarreta em perda de tempo, de produtividade e, consequentemente, de qualidade. Então relaxe e faça uma coisa de cada vez sem culpa e verá o resultado disso aflorando.

Por mais que a sociedade e as redes sociais vendam a ideia de que ser uma supermulher é o modo de vida ideal, tentar se adequar a esse estilo fará com que a sua vida esteja fadada ao fracasso – em servidão cega e absoluta, com o seu direito de escolha sendo engolido pelas obrigações que surgem sem pedir licença. Você estará no piloto automático, fazendo de tudo para todo mundo como se não tivesse escolha. Já parou para pensar nisso?

Para que perceba como é fácil comprar essa ideia, repare se você já não se pegou falando algo do tipo:

- ▶ "Não compensa trabalhar fora, porque o que vou ganhar só pagaria uma ajudante";
- ▶ "Me desdobro mesmo por eles, não meço esforço";
- ▶ "Não me importo se estou malvestida, minha filha é que precisa estar sempre bem arrumada, ela é a princesa da mamãe";
- ▶ "Deixei de estudar para dar a vez para o meu marido. Ele é inteligente e está fazendo faculdade";

---

47 SENA, V. Por que ser multitarefa pode ser uma ilusão (e como criar foco de verdade). **Exame**, 4 mar. 2021. Disponível em: https://exame.com/carreira/por-que-ser-multitarefa-e-uma-ilusao-e-como-criar-foco-de-verdade. Acesso em: 16 abr. 2023.

O REMÉDIO É VOCÊ

- ▶ "Queria tanto fazer tal curso, mas estou economizando para a festa de aniversário do meu filho";
- ▶ "Cuido dos meus netos para ajudar. Fazer o que, né? É para ajudar o meu filho!";
- ▶ "Para que uma lava-louça? Acho um desperdício de água e energia. Eu mesma lavo, não me custa nada. É rapidinho".

Se enxergou nessas falas? Elas são a prova exata de que, sem nem percebermos e com a melhor das intenções, nos tiramos do foco de nossa própria existência. Não notamos que ao aceitarmos tudo, como se não tivéssemos escolha, deixamos que os outros decidam por nós e, consequentemente, vivemos uma vida que não planejamos.

É preciso entender o momento de dar um basta nesse ciclo e perceber que existe escolha sim – e que a primeira pessoa da lista de prioridades do seu dia deve ser você. Para isso, comece a sua rotina diária pelas coisas que são importantes para a manutenção da sua qualidade de vida. Com isso, você também se tornará muito mais apta a ajudar quem quer que precise de você, afinal, **se você não estiver bem, nada vai bem** – e nem toda a boa vontade do mundo vai poder fazer você feliz, realizada e útil de fato para as pessoas que ama se não estiver em paz consigo mesma.

Mas, então, como fazer isso na prática? Não se preocupe, vou ajudar você nisso, detalhando mais o assunto no próximo tópico.

Estabelecendo suas prioridades

De cara, você precisa descartar a ideia de que precisa dar conta ou ser boa em tudo. Para isso, divida as prioridades em duas categorias: pessoais e coletivas.

Começando pelas **pessoais**, observe aquilo que precisa de foco imediato para a manutenção da sua integridade física e mental e para o seu desenvolvimento pessoal e profissional. Sei que não é fácil visualizar no início, por isso aqui estão alguns exemplos de **prioridades pessoais**: agendar aqueles exames anuais que estão atrasados; finalmente cuidar da máquina que é o seu corpo e, para isso, incluir uma atividade física regular na rotina (ou retomar aquela que já fazia e de que gostava); adotar cuidados estéticos que satisfaçam o seu gosto por se cuidar; voltar

90

Liberdade na alma e dinheiro na conta

a estudar; tirar um projeto especial do papel; começar a empreender; marcar uma viagem ou adotar um hobby que lhe faça bem.

Em relação às **prioridades coletivas**, observe quais demandas domésticas ou familiares são de fato relevantes e entenda onde a sua atuação será indispensável. As demais, delegue ou desligue-se, deixando que se resolvam sem a sua intervenção (o mundo não vai acabar por isso, pode ter certeza). Tenha em mente que os cuidados com casa, filhos e companheiro podem ser reestruturados, divididos e simplificados. Ou seja, nada precisa ser perfeito, basta funcionar. Repita para você mesma que a casa e as coisas foram feitas para nos servir e não para nos escravizar. Afinal, dentro de um lar, as pessoas se juntam para criar histórias e viver experiências que ficam registradas nas paredes e na mobília, e todo esse movimento deve ser admirado, respeitado e sentido como parte de uma vida feliz.

Recentemente uma notícia chocou os admiradores de Marie Kondo, a guru japonesa da arrumação que, no auge do sucesso, teve o próprio programa de TV na Netflix. Há quase uma década, Kondo apresenta ao mundo o conceito de só manter em casa itens que "trazem alegria". Ela inspirou milhares de mulheres com suas técnicas de organização com o objetivo de melhorar a qualidade de vida das famílias. Mas, aparentemente, o nascimento de seus três filhos mudou radicalmente o estilo de vida de Marie Kondo. Segundo o jornal *Washington Post*, ter uma casa superarrumada deixou de ser a prioridade de Kondo: "Eu meio que desisti disso e foi bom para mim", ela conta. "Percebi agora que o importante para mim é aproveitar o tempo em casa com meus filhos."[48]

Lógico que isso não invalida o trabalho incrível que Kondo fez e ainda faz através da organização, mas nos revela o quanto a vida pode ser leve e cheia de descobertas e redescobertas, e que o maior objetivo não é a perfeição e sim a satisfação. Essa não é apenas uma percepção minha. Segundo o professor Mario Sergio Cortella, "casa arrumada é uma casa

---

[48] WILLIAMS, H. "Minha casa é uma bagunça", as vantagens de ser desorganizado. **BBC News Brasil**, 18 fev. 2023. Disponível em: https://www.bbc.com/portuguese/articles/cglj59v4333o. Acesso em: 16 abr. 2023.

O REMÉDIO É VOCÊ

triste".[49] Calma, não precisa revirar os olhos. É claro que devemos, sim, manter a ordem e a higiene. Isso só não pode se tornar uma prisão – nem para você nem para ninguém. Se não houver um pouco de bagunça, também não há vida.

Para reforçar esse entendimento, deixo aqui um relato emocionante do próprio Cortella,[50] para que reflita se você tem dado foco às prioridades certas.

Uma das coisas que mais me entristece hoje é ver uma casa infeliz, e uma casa infeliz é aquela em que se entra e está tudo arrumado. É uma casa sem uso. Você vai à sala e as almofadas estão no lugar, como se a revista Caras fosse entrar para fotografar. Uma casa que não tem nada fora do lugar é uma casa morta. Onde há vida, há perturbação da ordem. [...] Vida é vibração, vibração é movimento molecular e nessa hora, a casa em ordem é uma casa triste, é a casa em que não se vive mais, para muita gente o lugar de estar feliz em algumas situações.

É preciso decidir onde colocar a sua atenção, por quanto tempo e, o mais importante, quando dizer não – este último é um verdadeiro desafio para muitas mulheres que são mães, esposas e donas de casa. O não exige treino. Sei o quanto é difícil negar algo para quem amamos. E ainda que existam concessões, elas não podem virar regra. Temos que ser firmes. Se toda hora você se justificar para fazer as tarefas dos outros no lugar deles, voltará rapidamente a ser a última na lista de prioridades da sua própria vida e, quando se der conta, já terá perdido toda a autonomia conquistada e estará mendigando atenção e pedindo desculpas por estar respirando novamente.

Entende agora o quanto você deve estar consciente e vigiar antes de tomar essas atitudes? Para reforçar esse conceito, deixo aqui mais uma frase do livro *Essencialismo*:[51] "Se não estabelecermos prioridades, alguém fará isso por nós".

---

49 "CASA arrumada é uma casa triste", por Mario Sergio Cortella. **Provocações Filosóficas**, 14 jul. 2018. Disponível em: https://provocacoesfilosoficas.com/casa-arrumada-e-uma-casa-triste-por-mario-sergio-cortella/. Acesso em: 29 abr. 2023.

50 *Ibidem.*

51 MCKEOWN, G. *op. cit.*

Uma orientação óbvia, mas que precisa ser dita é: **você não precisa da autorização de ninguém para fazer o bem para si mesma.** Ou seja, nunca espere que digam: "Vai lá, faça por você primeiro". Pode acontecer? Pode. Mas esperar por isso pode lhe trazer muita frustração. Lembra-se do "Amarás o teu próximo como a ti mesmo"? Esse amor-próprio é importantíssimo e deve ser cultivado e praticado por você todos os dias. É ele que a capacitará a dizer **não** para os apelos diários das pessoas com quem convive e que podem se tornar pequenos ladrões do seu tempo, da sua energia e dos seus recursos. Pratique e comprove que a cada **não** consciente que você der, receberá um sonoro **sim** para si mesma.

Invista em tempo de qualidade para si mesma

Como estamos juntas nessa jornada, vou ajudar você a organizar a mente e a compreender a dimensão de como tirar um tempo para si possibilitará a reconstrução da sua autoestima, devolvendo a sua sensação de bem-estar e de alegria por estar consigo mesma. Sei que pode estar se perguntando se esse tempo é realmente necessário, afinal, você vê a sua família satisfeita, o que parece ser suficiente. Mas vamos ver se é assim mesmo? Proponho um teste rápido para saber se você tem investido tempo em você na busca de suprir suas necessidades ou se tem se enganado, colocando a prioridade em outras coisas e pessoas.

Responda **sim** (S) ou **não** (N) para as perguntas abaixo:

( ) Você faz todas ou a maioria das tarefas domésticas da sua casa?

( ) Você se sente exausta e desmotivada ao final do dia?

( ) Você parou de estudar?

( ) Você se sente desvalorizada pela família?

( ) Você tem insônia ou sono demais?

( ) Você já deu alguma desculpa para o seu companheiro para escapar de momentos íntimos porque se sentia cansada, feia ou desmotivada?

( ) Você sente que sua libido está em queda?

( ) Você tem algum distúrbio alimentar? Compulsão, anorexia ou bulimia?

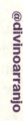

É PRECISO DECIDIR ONDE COLOCAR A SUA ATENÇÃO, POR QUANTO TEMPO E, O MAIS IMPORTANTE, QUANDO DIZER NÃO – ESTE ÚLTIMO É UM VERDADEIRO DESAFIO PARA MUITAS MULHERES QUE SÃO MÃES, ESPOSAS E DONAS DE CASA. O NÃO EXIGE TREINO.

@divinoarranjo

( ) Você tem ou já teve síndrome do pânico, crises de ansiedade ou depressão?

( ) Você toma ou já tomou algum calmante, estimulante ou antidepressivo?

Se a maioria das respostas foi **sim**, sua autoestima pode estar seriamente comprometida, muito por falta de prioridade com a mente, a saúde e o corpo. Assim, existem grandes chances de a sua aparência estar revelando como a sua alma está ferida e o quanto a sua mente está esgotada. Então, como resolver essas questões? De que modo ter tempo livre para se priorizar poderia mudar esse cenário? Em que momento o sonho de casar e formar uma família virou sinônimo de desmotivação e falta de amor-próprio?

Para começar, existe uma explicação científica para a queda da autoestima que acontece a partir de todos esses desequilíbrios comportamentais vividos pela maioria das mulheres. A falta de tempo de qualidade para colocar em prática os seus próprios interesses vai gerando uma insatisfação contínua que, somada à sobrecarga diária, desencadeia uma reação negativa no cérebro, aumentando a produção do **cortisol**, também conhecido como hormônio do estresse. A produção elevada desse hormônio de modo constante no organismo pode causar sintomas como mau humor crônico e aceleração do envelhecimento das células, além aumentar as chances de desenvolver doenças cardíacas e câncer.[52]

Ao mesmo tempo, ocorre a diminuição da produção de algumas outras substâncias responsáveis pela manutenção do nosso bem-estar psicológico e físico. Esses elementos são denominados neurotransmissores, mas são popularmente conhecidos como "hormônios do amor", pois quando estão sendo produzidos da forma correta eles têm o poder de nos fazer sentir plenas, satisfeitas, alegres, dispostas e confiantes. Funciona mais ou menos assim:

---

52 ZEQUI, S. de C. AACR 2019: estresse e câncer – o que a ciência está encontrando?. **A.C.Camargo Cancer Center**, 22 abr. 2019. Disponível em: https://www.accamargo. org.br/sobre-o-cancer/noticias/aacr-2019-estresse-e-cancer-o-que-ciencia-esta-encontrando. Acesso em: 16 abr. 2023.

Um ciclo nocivo que se retroalimenta. Mas, calma, não precisa se desesperar caso tenha se identificado. Existe uma maneira simples de quebrar esse ciclo, recuperando a sua saúde mental e física para seguir para o próximo nível de autocuidado – e eu vou lhe mostrar qual é. Para começar, vale conhecer um pouco mais os tais "hormônios da felicidade",[53] entendendo o que cada um deles faz por você quando sua produção está sendo estimulada do modo correto.

Serotonina

Responsável por equilibrar humor, apetite, sono, memória e aprendizagem. A sua diminuição ou ausência total pode causar desde mau humor, irritabilidade, sonolência e cansaço até falta de memória, concentração, dificuldade de aprendizado e inibição sexual. Em casos mais graves, a baixa produção de serotonina chega a provocar transtornos afetivos mais sérios, como o desenvolvimento de sentimentos de solidão e abandono, responsáveis por suscitar a tristeza e a depressão. Além disso, essa substância auxilia funções fisiológicas importantes, como os movimentos peristálticos (essenciais para o processo digestivo), a manutenção da circulação sanguínea e a integridade cardiovascular.

---

[53] COMO estimular a produção de hormônios da felicidade e bem-estar? **Memed**, 12 jul. 2022. Disponível em: https://blog.memed.com.br/hormonios-felicidade-bem-estar/. Acesso em: 23 abr. 2023.

Endorfina

Ligada à sensação de prazer, gera uma sensação de euforia quando é liberada no organismo, seguida pelo relaxamento do corpo e da mente. É também chamada de "morfina natural", pois tem efeito analgésico quando passamos por situações de maior dificuldade, como dor e estresse, amenizando-as. As endorfinas ainda ajudam no controle da tristeza e da falta de disposição.

Dopamina

Por ser imediatamente liberada quando cumprirmos uma tarefa, batemos uma meta, ou alcançamos um objetivo, é também chamada de "hormônio da recompensa", sendo responsável pela motivação, pelo prazer e pela produtividade. Seu objetivo é estimular o corpo e o cérebro a completar tarefas, nos impulsionando para os próximos desafios do dia. A falta de dopamina no organismo pode acarretar distúrbios psicológicos como depressão e ansiedade, além de desencadear a dependência de drogas.

Ocitocina

Conhecida como o "hormônio do amor", promove a sensação de confiança, auxiliando na criação de laços afetivos nos relacionamentos. Não por acaso, a ocitocina está presente na hora do parto, estimulando as contrações do útero e a liberação do primeiro leite durante a amamentação, sendo essencial para a criação do profundo laço entre mãe e filho. Tem direta relação com a saúde sexual, pois potencializa o desejo e o orgasmo, além de estar presente em todos os momentos que despertam afeto e carinho.

Entendeu a dimensão da ação dos tais "hormônios da felicidade" na vida da mulher? Vamos, então, aprender como estimular a produção deles de modo simples e natural?

Cuidar de si, descansar e aprender a prestar atenção às suas necessidades – o corpo fala, basta estarmos atentas – são os passos cruciais para a diminuição do tal cortisol (hormônio ligado ao estresse) e, consequentemente, para o aumento dos hormônios da felicidade.

O REMÉDIO É VOCÊ

Sugiro que encare essa prática de autocuidado como um exercício que deve ser repetido muitas vezes até que seja aprendido. Para isso, separe três momentos do seu dia para essa ativação. Podem ser intervalos curtos, de quinze minutos cada, para que não se desespere achando que não vai conseguir dar conta. Pode parecer pouco, mas você verá o imenso resultado que isso lhe trará se conseguir colocar em prática.

Esses momentos podem acontecer ao acordar, após o almoço ou antes de dormir, por exemplo, mas essa é apenas uma sugestão. Faça quando for melhor para você, e entenda que cuidar desse breve tempo só seu vai lhe proporcionar prazer, contentamento, alegria, orgulho, felicidade e satisfação, sensações mais do que suficientes para quebrar o ciclo de estresse.

Para facilitar a compreensão do que estou falando, vou dar alguns exemplos do que fazer nesses momentos de ativação dos hormônios da felicidade, mas você é livre para escolher as atividades que mais se encaixam no seu perfil. Vale tudo o que lhe fizer bem!

Você pode meditar, tomar café da manhã com calma, ler algumas páginas de um livro, caminhar, se dedicar aos cuidados com pele, cabelos e unhas, fazer uma massagem, cuidar de plantas, pintar, costurar, bordar, fazer um curso on-line, frequentar aulas de ioga, praticar um esporte, malhar em uma academia, dançar, fazer sexo, se dar um presente, passear no parque ou qualquer outra prática que lhe traga bem-estar e que tenha como único objetivo despertar a sua alegria de viver.

Tudo isso representa autocuidado e merecimento, fazendo com que se sinta melhor a cada dia, devolvendo o viço, a criatividade e o desejo sexual, melhorando o seu humor, aumentando a sua capacidade de raciocínio e de resolver problemas, mas, acima de tudo, fazendo você se sentir viva novamente.

Que tal, agora, pensar em uma rotina que permita que esses momentos só seus caibam na agenda? Há um modelo de planejamento nas próximas páginas que vai auxiliar você nisso!

Antes de preenchê-lo, porém, lembre-se de que para se ter sucesso nessa jornada é imperativo que tenha assimilado que você:

- ▶ Deve se colocar em primeiro lugar na sua vida. Se você não estiver bem, nada vai bem;

- Precisa estar preparada para dizer alguns nãos a pessoas e demandas que tentem roubar os seus momentos de bem-estar;
- Vai fazer essas duas escolhas acima todos os dias, sem exceção. Seus momentos devem ser sagrados.

Benefícios de estimular os hormônios da felicidade

Como consequência de balancear essas substâncias tão essenciais para o organismo, você se sentirá mais plena e com disposição para realizar qualquer tarefa, contagiando todos à sua volta, inclusive ajudando você a fortalecer a cumplicidade com o seu companheiro, renovando os laços que fizeram com que se unissem no início do relacionamento. Essa proximidade é essencial para que consiga desenvolver a sua autonomia; e contar com a parceria de seu companheiro fará toda a diferença na organização da rotina familiar. Afinal, boa parte da segurança dos filhos reside em ver os pais felizes, saudáveis e de bem com a vida. Isso gera confiança e fortalece a autoestima dos pequenos, que terão como exemplos de vida uma família estruturada, segura e proativa.

São muitos os benefícios de estimular a produção dos hormônios da felicidade, mas destaco, aqui, alguns:

- Aumento gradativo da autoestima e da sensação de bem-estar;
- Vontade de cuidar de si mesma;
- Sentir-se bonita, desejada – e também desejar;
- Criatividade a mil;
- Diminuição das crises de TPM, ansiedade e acessos de fúria e mau humor;
- Respeito por seu organismo, tomando cuidado com aquilo que ingere;
- Resgate do prazer sexual, melhorando a frequência e a qualidade dos momentos de intimidade com o seu companheiro;
- Aumento do entusiasmo pela vida e da motivação por desenvolver e treinar novas habilidades;
- Melhora expressiva nos relacionamentos interpessoais;
- Autoincentivo e gratidão;
- Retomada de sonhos e projetos engavetados;
- Aumento da ousadia e coragem para recomeçar.

O REMÉDIO É VOCÊ

📅 MEU PLANEJAMENTO DIÁRIO ___/___/___ S T Q Q S S D

COISAS QUE DEVO FAZER HOJE: ✔

- ☐ Usar filtro solar
- ☐ Beber bastante água
- ☐ Meditar
- ☐ Praticar ioga
- ☐ Dar o meu melhor
- ☐ _____
- ☐ _____
- ☐ _____
- ☐ _____
- ☐ _____
- ☐ _____
- ☐ _____
- ☐ _____
- ☐ _____
- ☐ _____

COMPROMISSOS: 🕐

_____ __:__
_____ __:__
_____ __:__
_____ __:__
_____ __:__
_____ __:__
_____ __:__
_____ __:__
_____ __:__

REFEIÇÕES DO DIA: 🍽

Café da manhã

Almoço

Jantar

LIMPEZA DA CASA: 🗑

- ☐ _____
- ☐ _____
- ☐ _____
- ☐ _____
- ☐ _____

LISTA DE COMPRAS: 🧺

- ☐ Frutas
- ☐ Legumes e verduras
- ☐ _____
- ☐ _____
- ☐ _____
- ☐ _____
- ☐ _____

planner

Me arrisco a dizer que os efeitos da sua nova postura depois de decidir se priorizar trará prazer e satisfação para você e que o impacto que essa mudança pode ter na vida daqueles com quem você convive pode ser tão significativo quanto na sua. As pessoas são contagiadas pelas nossas palavras, atitudes, ações e hábitos e a mudança nas suas atitudes será sentida e absorvida pelas pessoas que a rodeiam, fazendo disso um círculo virtuoso no qual todos vão desfrutar, se beneficiar e se espelhar. Garanto: cuidar de nós mesmas é um caminho sem volta. Uma vez que aprendemos a nos amar em primeiro lugar, todo o resto se encaixa naturalmente, sem esforço extra.

Desde muito cedo percebi que me satisfazia por tomar as minhas próprias decisões, que era alguém que gostava de ter consciência do que escolhia, mas tive que lutar muito por isso e acabei sendo vista como uma pessoa egoísta, que não pensava no que era melhor para a minha família.

Fui muito julgada, inclusive por pessoas próximas, que diziam que eu não pensava nos meus filhos por escolher trabalhar tanto e cuidar de mim. Condenavam as minhas condutas e queriam que eu fosse como a maioria das pessoas, que preferem não fazer escolhas sempre que possível e decidem ser levadas, seja pelo casamento, pelas circunstâncias, pela cultura, pelo julgamento dos outros, pelo medo etc. Pessoas que não vivem o que desejam e que acabam por se tornar extremamente frustradas.

Eu me sentia culpada por isso, mas a vontade de fazer diferente era maior. Ninguém pensava na Valeska, então eu precisava seguir pensando em mim primeiro. Entendi que teria que colher o ônus e o bônus de ser alguém que toma as próprias decisões, aprendendo com elas. Foi só a partir dessa virada de chave que comecei a me sentir verdadeiramente livre.

Essa liberdade de poder conviver com minhas decisões, rir e chorar por elas, alavancar ou aprender com cada uma, só aconteceu quando aprendi a decidir conscientemente no que concentrar o meu tempo e minha energia. Para isso, precisei renunciar ao título de melhor mãe do mundo e de esposa ideal para me tornar a melhor pessoa que eu poderia ser para mim. E mesmo que eu seja considerada uma boa mãe e companheira, o mais importante é que me tornei uma mulher feliz e com muita energia para me transformar numa empreendedora extraordinária. Uma mulher que não se conformou com o modelo de vida tido como normal pela maioria e que buscou novos caminhos para poder ter o sucesso que imaginava para si.

O meu negócio passou a ser minha paixão e, ao mesmo tempo, a minha libertação. Com a Divino Arranjo, eu criei asas e decidi ser minha prioridade. E ainda que hoje sejamos um grande time, caminhei sozinha por mais de uma década tendo que dizer muitos nãos para que pudesse dizer sim para as minhas prioridades.

Foi difícil? Sim, muito. Mas posso afirmar que valeu a pena cada passo da minha caminhada. E garanto que você sentirá o mesmo quando, lá na frente, passar por esse processo de libertação. Quando se colocar como prioridade da sua vida, olhará trás com orgulho de sua trajetória e da mulher independente que se tornou!

Hora de praticar criando uma rotina de estímulos diários dos seus hormônios da felicidade. Para isso, escolha pelo menos três opções que devem ser incluídas na sua rotina. É importante que cada prática seja executada pelo menos uma vez por semana.

☐ Atividade física. Qual? _____
☐ Tomar quinze minutos de sol diariamente
☐ Ter um hobby esportivo. Qual? _____
☐ Fazer ioga
☐ Caminhar no parque
☐ Fazer algum tipo de artesanato. Qual? _____
☐ Nadar
☐ Meditar
☐ Ler
☐ Ouvir música
☐ Ter uma rotina semanal de cuidados com cabelos e unhas
☐ Massagem
☐ Sexo
☐ Outros. Quais? _____

CAPÍTULO 7

vida organizada, sucesso garantido

A melhor maneira de saber do que você realmente precisa é se livrar daquilo que você não precisa.

A MÁGICA DA ARRUMAÇÃO, MARIE KONDO[54]

A credito que esteja se perguntando como encontrará tempo para colocar em prática o que foi dito no capítulo anterior. Afinal, falamos sobre melhoria da autoestima e tomada de controle das suas decisões para, assim, poder se colocar em primeiro lugar. No entanto, sei que com o estilo de vida conturbado que leva hoje, certamente não tem um minuto de respiro no dia. Então como poderia pensar em fazer qualquer coisa fora da sua imensa lista de tarefas?

A resposta para começar a colocar isso em prática está apenas em uma palavra: organização. Isso envolve trabalhar o desapego de alguns afazeres e coisas, e também desenvolver o hábito de arrumar tudo com simplicidade e funcionalidade e mantê-las no lugar com pouco esforço.

Ao ler isso talvez você esteja pensando: *Ela não conhece o caos que é a minha casa. O dia teria que ter quarenta e oito horas para que eu conseguisse dar conta de tudo, pois não tenho ajuda e se não sou eu, ninguém faz nada. Como fazer tudo o que preciso e ainda ter tempo livre para mim?* Pois saiba que você não está sozinha nesse tipo de reflexão. A maioria das mulheres passa por essa mesma situação e deixa que o caos ultrapasse os limites da casa, se instalando

---

[54] KONDO, M. **A mágica da arrumação**: a arte japonesa de colocar ordem na sua casa e na sua vida. Rio de Janeiro: Editora Sextante, 2015.

também nos pensamentos e afetando, diretamente, todos os aspectos da vida.

Posso falar sobre isso com propriedade, pois cresci em uma casa muito desorganizada, onde a bagunça reinava em todos os cômodos, fazendo com que gavetas, quartinhos e qualquer canto livre logo virassem um pequeno depósito de "baguncinhas". As roupas viviam espalhadas pelos quartos, amontoadas em pilhas de peças para passar ou em armários lotados e megabagunçados. Os louceiros eram repletos de conjuntos sem par ou de louças lascadas. Isso sem contar os inúmeros bibelôs, livros, revistas, brinquedos e cacarecos que foram se acumulando durante décadas, sendo guardados como se fossem verdadeiros tesouros.

Sempre que entrava em casa, eu corria para o meu quarto, pois só lá me sentia bem. Na época, nem imaginava que era toda aquela bagunça que me deixava irritada, drenando a minha energia criativa e a minha capacidade de pensar direito. Notava que não conseguia me concentrar quando estava em qualquer um dos outros cômodos, todos bagunçados e desorganizados. Parecia que aquela confusão sugava toda minha criatividade, fazendo com que eu nunca conseguisse terminar o que havia começado.

Com o tempo, notei que quando tudo estava organizado e limpo, eu me sentia muito bem. Ficava mais leve e calma e tinha maior clareza ao pensar, sendo mais eficiente e concluindo as tarefas muito mais facilmente – o que gerava uma imensa satisfação pessoal e uma agradável sensação de dever cumprido. Como consequência, passei a me esforçar para manter tudo no lugar porque entendi que manter era muito mais fácil do que arrumar. Um ambiente organizado me deixava mais produtiva.

Aqui vale lembrar que manter as coisas limpas e no lugar não é sinônimo de não as usar para não desarrumar, nem passar horas e horas do dia arrumando e limpando constantemente. Lembra o que falamos antes? As coisas foram feitas para nos servir e não o contrário.

Mas por que eu me sinto bem em ambientes organizados? Será que é apenas uma questão de gosto? Ou há algo mais nisso?

Um ambiente favorável ao sucesso

O nosso cérebro não reage bem à bagunça, é uma característica humana.

A bagunça é fruto de transtornos emocionais e, quando ela se torna um hábito, se instala um ciclo de insatisfação permanente, que gera mais bagunça, menos resultado, mais confusão mental e, portanto, mais insatisfação. E isso pode adoecer as pessoas que vivenciam tal situação, levando até mesmo a quadros de ansiedade, compulsões e depressão.[55]

Então, se você anda muito desorganizada e bagunceira, saiba que isso pode parecer inofensivo, mas tem o potencial de desenvolver um hábito que, além de roubar o seu tempo, é capaz de minar a sua energia e influenciar nos resultados dos seus projetos, inclusive impedindo-a de iniciar novas atividades.[56]

Por conta de todo esse histórico, me identifiquei na hora quando ouvi alguém dizer a frase: "Casa bagunçada, mente bagunçada; casa organizada, mente sã". Passei a prestar atenção ao ambiente em que eu estava inserida e a compará-lo com o meu estado de espírito.

Se estivesse em um ambiente bagunçado, entulhado ou até mesmo mais escuro, percebia que a minha mente vagava mais, que não conseguia manter a atenção em algo por muito tempo, minha concentração falhava. A principal constatação, porém, foi que esse tipo de cenário me gerava grande ansiedade exatamente por não conseguir sair do lugar, fazendo com que eu logo abandonasse a tarefa a ser realizada. Além disso, quanto mais dispersa eu ficava, mais irritada me sentia, o que provocava em mim reações inconscientes, como buscar alívio "beliscando" alguma bobagem na tentativa de aliviar essa sensação de fracasso, mal-estar e frustração; ou seja, comia o dia todo.

---

55 OLIVEIRA, I. de. Casa desorganizada pode indicar depressão e ansiedade. **Uai Saúde Plena**, 25 fev. 2016. Disponível em: https://www.uai.com.br/app/noticia/saude/2016/02/25/noticias-saude,190622/casa-desorganizada-pode-indicar-depressao-e-ansiedade.shtml. Acesso em: 16 abr. 2023.

56 ORGANIZAÇÃO ou desorganização excessiva pode indicar transtorno emocional; entenda. **Cidade Verde, Vida Saudável**, 5 jan. 2022. Disponível em: https://cidadeverde.com/noticias/360390/organizacao-ou-desorganizacao-excessiva-pode-indicar-transtorno-emocional-entenda. Acesso em: 16 abr. 2023.

106   Liberdade na alma e dinheiro na conta

Talvez você passe por isso ou conheça alguém que viva assim, e que provavelmente está sempre reclamando, sem entender por que não consegue sair do lugar. Pessoas assim podem até acordar animadas e com mil planos, mas sem saber o porquê, desanimam. Na verdade, são as dezenas de miudezas da casa e da vida que vão lhes roubando a atenção, fazendo com que se desviem dos seus objetivos e fracassem conforme o dia avança – até se darem conta de que não concluíram nada e que o dia passou, mais uma vez. Essa rotina diária provoca um misto de impotência com incompetência, capaz de destruir qualquer autoestima.

Já quando o ambiente estava organizado, claro, arejado, livre de objetos em excesso e sem interferências visuais para me distrair, eu conseguia me concentrar mais facilmente em qualquer tarefa e concluí--la com maior rapidez. Isso me gerava uma sensação de bem-estar enorme pelo dever cumprido – isso porque, ao finalizarmos uma tarefa, o cérebro libera o hormônio da felicidade responsável pela sensação de recompensa, a dopamina (da qual falamos no capítulo anterior). A partir daí, comecei a buscar, cada vez mais, me aprimorar no desapego das coisas que me distraíam e a organizar aquilo que era importante, fazendo com que os ambientes em que eu vivesse fossem sempre favoráveis ao meu desenvolvimento e sucesso.

É preciso entender que, quando nos organizamos, devolvemos a nós mesmas um recurso precioso: o tempo (está vendo agora como dá para encontrar aquele tempinho para você?). Portanto, tirar um tempo para arrumar a casa de verdade e desapegar de coisas que não fazem mais sentido é um investimento, já que esse tempo gasto vai voltar quando, depois de eliminar a bagunça física e mental, você levar pouquíssimas horas para colocar as coisas em ordem no dia a dia. Afinal, organizar a vida significa abrir espaço, até mesmo para conseguir refletir num ambiente livre de interferências e visualizar exatamente onde você quer e pode chegar.

Ainda não conseguiu visualizar isso na prática? Então, vou lhe dar algumas amostras de situações que são fruto da desorganização e que só lhe trazem urgências, prejuízos financeiros, perdas de oportunidades e frustrações:

É PRECISO ENTENDER QUE, QUANDO NOS ORGANIZAMOS, DEVOLVEMOS A NÓS MESMAS UM RECURSO PRECIOSO: O TEMPO.

@divinoarranjo

- Quer estudar ou ler, mas nunca encontra um lugar tranquilo, organizado e silencioso em casa;
- Tem tanta coisa guardada que nem sabe mais o quê, mas quando vai mexer não quer se desfazer de nada porque acha que um dia você vai precisar daquilo;
- Passa vergonha quando chega alguma visita de surpresa, porque a casa vive uma bagunça e você sempre está vestida de qualquer jeito. Em vez de mudar de atitude, fica rezando para ninguém chegar sem avisar;
- Já quis uma roupa específica porque tinha um compromisso marcado, mas não achou por causa da bagunça do guarda-roupa. Acabou pegando qualquer uma e, mesmo assim, chegou atrasada e constrangida ao compromisso. Com esse tipo de atitude, já perdeu oportunidades ou deixa pessoas próximas chateadas;
- Teve algum serviço cortado porque esqueceu de pagar o boleto e, além do inconveniente, ainda teve que pagar juros e multa.
- Sabia que tinha um pequeno problema de saúde para resolver mas empurrou com a barriga e, quando a doença bateu forte, ficou assustada, gastou dinheiro e tempo e deixou a família apavorada;
- Reclama que ninguém conversa em casa e que cada um come em um canto, mas usa a mesa de jantar como móvel para pôr chaves, bolsas, cartas, livros, sacolas e blusas em vez de montar uma bela mesa posta para comer com a família;
- Gasta dinheiro em excesso, comprando e colecionando coisas que nem tem mais lugar para guardar;
- Faz questão de lavar toda a louça e toda a roupa sozinha, porque ninguém lava como você. Depois reclama que ninguém faz nada;
- Fica com dó de delegar tarefas para os filhos porque "tadinhos, eles estudam muito" e para o marido, porque ele trabalha o dia todo e chega cansado. Acaba fazendo tudo sozinha e se chateia por não receber ajuda.

VIDA ORGANIZADA, SUCESSO GARANTIDO

A organização pode permear toda a nossa vida, desde os afazeres domésticos até as questões pessoais e coletivas da família, tendo o poder de deixar o ambiente e a vida mais leves, saudáveis e práticos, melhorando os relacionamentos e facilitando nossas tomadas de decisões. Por isso, cada passo dado nesse sentido é um peso a menos para você carregar por aí. Quanto mais desapegar e delegar, mais leve será – e uma pessoa leve tem mais facilidade de voar.

Desapegue!

É importante também adotarmos duas atitudes quando o assunto é organização: saber diferenciar o que é importante do que é urgente, e o que é nosso e do outro.

Pense bem: se você passa o tempo todo resolvendo coisas urgentes, ou seja, apagando incêndios, é porque seu nível de organização deve estar bem baixo. Quando você se organiza, focando as coisas importantes, as ocorrências de coisas urgentes caem drasticamente.

Já a compreensão sobre o que é nosso e o que é dos outros faz parte da nossa organização mental – é assim que diferenciamos o que é a nossa obrigação do que não é. Tal percepção serve para conseguirmos delegar tarefas e responsabilidades sem culpa, o que, além de tirar uma bagagem imensa de afazeres que nem deveriam estar na nossa conta, educa a nossa família, transformando-a em aliados e parceiros na manutenção do bem-estar coletivo.

Pensando nessa nova postura de organização mental em busca de se livrar do excesso, a ideia é desapegar, ou então destralhar, como ensina a escritora japonesa Marie Kondo em seu livro *A mágica da arrumação*.[57] A publicação difundiu e popularizou a arte e os benefícios da arrumação consciente pelo mundo. Com sua teoria, Marie explica sobre a importância de tirar de casa tudo aquilo que não tem mais utilidade e que entope armários, gavetas, despensas e quaisquer outros espaços vazios.

E então, vamos colocar a mão na massa e organizar a vida? Para conseguir lidar com todos os afazeres do lar de maneira

---

57 KONDO, M. *op. cit.*

descomplicada e sem exageros, separando o importante do urgente e delegando com inteligência tarefas para todos os moradores da casa, criei o meu próprio passo a passo.

Sugiro que você insira esse passo a passo de maneira constante, mas tranquila, tendo ciência de que toda mudança é uma construção que requer paciência e ajustes. Assim, o meu conselho é: vigie para não se sabotar. Não dê desculpas, não abra exceções e entenda que criar um ambiente favorável para o desenvolvimento da sua melhor versão e manutenção do bem-estar coletivo da sua família vai dar um certo trabalho no começo, mas depois que se tornar um hábito, os resultados vão revelar o quanto você cresceu com tudo isso e o orgulho e a satisfação tomarão conta de você.

1º PASSO: Pratique a "regra do agora"

Termine tudo o que começar. Não deixe nada para depois, e tudo o que for possível deve ser feito imediatamente. Entenda que, ao não postergar uma atividade, você evita o acúmulo das coisinhas que criam um rastro da bagunça. Para evitar que isso aconteça, uso o que chamo de "Regra do Agora", que você pode começar a aplicar agora mesmo.

- ▶ **Tirou** algo do lugar: **guarde** imediatamente após o uso;
- ▶ Sujou alguma louça: lave, seque e guarde logo depois de usar, evitando acumular;
- ▶ **Derramou** algo: **limpe** imediatamente;
- ▶ **Tirou** uma roupa do armário e não usou: **dobre-a** e **guarde-a** em seguida;
- ▶ **Retirou** as roupas para tomar banho: **coloque-as** no cesto de roupa suja na mesma hora;
- ▶ **Tomou** banho: **deixe** o banheiro em ordem e seco antes de sair dele e **estenda** a toalha no varal em seguida;
- ▶ **Acordou**: **arrume** a cama antes de sair do quarto;
- ▶ **Acendeu** a luz: **apague** assim que sair do cômodo;
- ▶ Está usando algo e **acabou**: **reponha** imediatamente para que o próximo a precisar usar não seja surpreendido;
- ▶ **Quebrou** algo: **conserte** no mesmo momento ou **jogue fora** de uma vez, nada de ficar guardando cacarecos quebrados;

VIDA ORGANIZADA, SUCESSO GARANTIDO

▶ **Acabou** a refeição: **tire** toda a mesa e guarde tudo o que tiver sobrado. Lave, seque e **guarde** a louça antes de sair da cozinha, eliminando o problema.

Alguns minutos a mais para pôr algo simples em ordem podem corresponder a horas de bem-estar futuro. Então, essa é a maneira mais rápida e eficaz de não acumular trabalho, pois a bagunça é exatamente a soma de várias tarefas que foram deixadas para depois, levando à perda de muito tempo e à sensação de insatisfação e fracasso no final do dia. Um exemplo bastante prático do desânimo que temos por conta de postergar tarefas acontece quando acordamos de manhã e damos de cara com a pia cheia de louças do dia anterior. Em vez de começarmos o dia entrando na cozinha limpa e arrumadinha, já o iniciamos desanimadas e, com isso, nem o café da manhã tomamos direito, ou seja, a energia do dia já começa lá embaixo.

Uma dica especial aqui é fazer com que esse primeiro passo seja executado por você como um exemplo a ser seguido pelos outros. À medida que a prática for incorporada na rotina familiar, ela acabará se tornando um bom e saudável hábito para todos. E, se achar interessante, anote a lista acima e fixe-a na geladeira de casa. Impossível que sua família não leia um pedacinho quando for pegar algo para comer ou beber.

2º PASSO: Ensinar, delegar, agradecer e recompensar

Chegou a hora de sentar-se com os membros da sua casa e explicar, de modo gentil, as novas **regras do agora**. Enfatize que isso ajudará muito o seu dia a dia e não custará mais do que alguns minutos para eles. É provável que você escute reclamações, principalmente das crianças e dos jovens, mas nessa hora pense que você está educando os seus filhos para a vida. Por isso, quando eles começarem a aplicar as novas práticas no dia a dia, agradeça, parabenize e os recompense, mostrando o seu contentamento mesmo que não tenham feito exatamente do jeito que você queria. Trata-se de algo novo para todos e não é da noite para o dia que as mudanças acontecem. Paciência e persistência devem ser as palavras de ordem neste momento.

Caso eles se atrapalhem ao realizar as tarefas, explique na hora a maneira correta de realizá-las, porém, sem gritar nem perder a calma. Afinal, novos hábitos estão sendo implantados e uma parte do seu trabalho doméstico está sendo compartilhado pela primeira vez. Portanto, é natural que eles ainda não tenham a sua habilidade, o seu jeito e a sua velocidade. Essa regra vale também para o caso de quebrarem algo durante o processo. Não grite nem se enfureça, isso só fará com que eles deixem de participar e voltem a fazer aquela bagunça que você tinha que arrumar sozinha todos os dias.

Importante: liberte-se do perfeccionismo; o importante é que funcione. Deixe que eles resolvam e façam, mesmo que não saia do jeito que você considera o ideal. Com a prática, eles vão encontrar o próprio caminho e, afinal, o seu objetivo é delegar, não ditar regras.

3º PASSO: Ativando a sua melhor versão

Talvez um dos motivos de achar que falta tempo no seu dia se deva à hora em que tem se levantado. Por isso, estipule um horário para dormir e acordar nos dias úteis e crie uma rotina regrada. Entenda que para ter um dia de trabalho proveitoso, é necessário planejamento e tempo hábil para executá-lo, portanto ter uma boa noite de sono e acordar cedo é algo que deve ser considerado parte de uma boa prática de vida.

Para que isso aconteça de fato, uma atitude importante deve ser adotada. Coisa bem simples, mas que vai fazer o seu dia render muito e ainda permitirá que você tire aquele tempinho no final da tarde só para você. O segredo é: ao acordar – logo após sair do banheiro –, já tire o pijama e vista uma roupa adequada às suas atividades do dia. Mas nada de roupas que lembrem pijamas, como moletons largos e camisetas folgadas. Essas roupas de casa, como muitas pessoas chamam, geralmente são velhas e muito confortáveis, o que estimula uma atitude de falta de comprometimento com os seus projetos pessoais porque trabalham para manter você em estado de relaxamento. Sem que perceba, esse hábito interfere na sua produtividade e afeta demais a sua autoestima.[58, 59] Quer ver como isso é real?

Faça o teste: quando você acorda e já veste a sua roupa de guerra de ficar em casa, com chinelo e cabelo preso para facilitar, como você se sente? Poderosa, inteligente e cheia de vontade de fazer acontecer, de estudar e vencer ou sem graça e com vontade de se largar no sofá a tarde toda para ver TV e comer besteira?

É disso que estamos falando aqui, de criar mecanismos para começar bem o seu dia. Arrume-se de verdade, como se você fosse sair para trabalhar. Pare de guardar roupa para um dia especial e entenda que todos os seus dias devem ser especiais. Você pode até escolher uma roupa confortável, mas que não a deixe com cara de quem acabou de sair da cama e está pronta para voltar para ela a qualquer momento. Passe um batonzinho, um perfume e calce um sapato, seja ele uma sapatilha, uma sandália ou um tênis. Só depois disso tudo vá tomar o café da manhã, fazendo dele um momento especial para começar um dia de sucesso.

Pode parecer bobagem para você agora, mas essa atitude vai levantar a sua autoestima de um jeito que vai surpreender. Pois passará a ter muito mais disposição, agilidade e capacidade de tomar boas decisões e, ao final do dia, o sentimento será de confiança, orgulho e dever cumprido, o que a motivará a fazer mais e melhor.

4º PASSO: Pratique o "folga da cozinha"

Toda dona de casa sabe que comer bem é importante, mas que fazer comida todo dia é um martírio. Algumas se dedicam de corpo e alma à arte de cozinhar para toda a família e não fazem mais nada da vida, ficando até conhecidas como as "Donas Bentas" da família. Outras

---

58 AMORELLI, N. O que a roupa que você veste tem a ver com a sua produtividade no trabalho? **Embarque na Viagem**, 5 jul. 2020. Disponível em: https://embarquenaviagem. com/2020/07/05/roupa-produtividade-no-trabalho/. Acesso em: 16 abr. 2023.

59 FREGATTO, E. Cientistas afirmam que roupas alteram comportamento das pessoas. **Correio B**, 2 mar. 2016. Disponível em: https://correiodoestado.com.br/correio-b/ cientistas-afirmam-que-roupas-alteram-comportamento-das-pessoas/272058/. Acesso em: 17 abr. 2023.

acabam se entupindo de fast food e desenvolvem doenças como hipertensão, diabetes e obesidade. Quero propor um equilíbrio, visto que ambos os casos são nocivos.

As mulheres passam, em média, quatro horas por dia na cozinha, o que contabiliza vinte e oito horas por semana. Sabe o que significa isso? São mais de 1.440 horas por ano, que correspondem a nada mais, nada menos, do que sessenta dias ou dois meses inteiros por ano. A cada seis anos da sua vida, você passa um deles inteiro cozinhando. Já parou para analisar o quanto esse número é importante? Portanto, ter uma estratégia para não sucumbir à frustração de ficar horas na cozinha e depois de tudo terminado não ter mais energia para suas coisas pessoais é fundamental!

Sei bem o que é isso e, na minha angústia para me livrar da sina de fazer comida todo santo dia, enfrentando meio período por dia de um trabalho chato e não remunerado, acabei criando um método próprio, que chamei de Folga da Cozinha: um dia na cozinha, vinte dias de folga. É um método bem simples que tem como base a organização.

O Folga da Cozinha é um dos meus cursos on-line que ajudam milhares de mulheres a terem tempo livre para empreender, e vou deixar aqui um passo a passo simples, que vai permitir a você criar o seu próprio método.

Algumas dicas práticas para você otimizar seu tempo na cozinha são:

- ▸ Crie um menu simples para o mês todo;
- ▸ Organize e limpe a cozinha, incluindo geladeira e freezer. Tire tudo aquilo que está ocupando espaço e que já venceu e desapegue de tudo o que está fora de uso ou lascado. Abra espaço para o novo chegar, para a boa energia fluir;
- ▸ Compre potes simples que vão ao freezer e micro-ondas, pois são baratos e práticos. Dê preferência aos potes retangulares, de 250 a 500 ml, porque aproveitam melhor o espaço em geladeira, congelador e freezer;
- ▸ Faça uma lista de compras com tudo o que tem no seu cardápio do mês e vá ao mercado comprar tudo de uma só vez. Afinal, ninguém merece parar a vida para ir várias vezes ao mercado

VIDA ORGANIZADA, SUCESSO GARANTIDO

só para comprar uma coisinha. Com isso você já economiza, além de tempo, dinheiro e transporte;

▸ Tire um dia para o preparo de tudo e aplique a "Regra do Agora";

▸ Otimize o seu tempo na cozinha, agilizando os preparos da seguinte maneira:

- Cozinhe alguns legumes e depois salteie-os na manteiga ou no azeite, porcionando-os em diferentes potes. Assim você poderá usá-los de formas variadas (um dia com uma carne, em outro compondo uma salada e no outro virando uma sopa);

- A mesma lógica dos legumes serve para as carnes. Ao refogar as carnes (que pode ser moída, em tiras ou cubos), separe-as em potes menores. Dessa maneira, um mesmo preparo pode se transformar em um estrogonofe, em uma carne com legumes, em um escondidinho ou, ainda, virar recheio de tortas;

- Guarde os caldos dos cozimentos de legumes e carnes para sopas e risotos; além de agregar muito sabor é bastante nutritivo;

- Antes de congelar, não se esqueça de esperar tudo esfriar para que não se acumulem cristais de gelo dentro dos potes.

Dica extra: use as comidinhas simples do Folga da cozinha nos dias de semana e, nos fins de semana, se permita comer fora ou, até mesmo, pedir um fast food. Afinal, quem não gosta de uma bobagem de vez em quando? A questão aqui é ficar o menor tempo possível na cozinha, o que vai lhe garantir mais tempo livre para se dedicar a coisas mais relevantes para você.

5º PASSO: Rainha da perfeição? Aqui não!

Este passo resume todo o percurso de organização da mente e da rotina para que você crie tempo para cuidar de si e de seus sonhos. E o que lhe digo é: desapegue. Se livre da ideia de mulher, mãe, esposa e dona de casa perfeitas. Isso não existe no mundo real; é uma ilusão perseguida por muitas gerações e sabemos que só gera frustração. Ninguém é bom em tudo, então está tudo bem escolher uma coisa para arrasar e nas demais ser uma pessoa comum, normal, na média. Por isso, lembre-se desta lista toda vez que começar a se ver envolvida em um furacão de tarefas novamente:

- ▶ Tenha um horário predeterminado para os seus afazeres domésticos e se atenha a ele. Exemplo: de segunda à sexta, das 7h às 11h;
- ▶ Faça uma lista com todas as suas tarefas e as execute por ordem de prioridade dentro do horário reservado para esse fim;
- ▶ Não se sabote. Respeite o seu horário;
- ▶ Não se martirize se hoje não deu para fazer a lista toda. Amanhã haverá outra lista e a sua vida é mais importante do que isso;
- ▶ Reavalie essa lista periodicamente e simplifique-a ou corte o que já não faz diferença;
- ▶ Sua meta não é ser perfeita, mas buscar ser melhor hoje do que ontem. Seu tempo é precioso. Portanto, não o desperdice fazendo coisas que não vão aproximar você dos seus sonhos;
- ▶ Lembre-se de que você não está disputando o primeiro lugar com ninguém, então livre-se da culpa, das cobranças e dos julgamentos. Você está em uma jornada e nela o aprendizado e as descobertas são diários.

Lembre-se: a prioridade é você e se você estiver bem, tudo vai bem.

6º PASSO: Pratique o automerecimento

Todas temos um sabotador de felicidade programado para agir dentro de nós. Ele cresce supervalorizando críticas que podem parecer quase insignificantes de início, mas, nesse modo turbo em que vivemos, elas se tornam extremamente tóxicas. É preciso aprender a identificar (para depois desligar) esse crítico interior toda vez que perceber que ele está em ação. Mas como reconhecê-lo? Vou lhe dar um exemplo prático com o qual você certamente vai se identificar.

Quantas vezes você fez algo muito bom, se sentiu realizada, feliz e, de repente, uma palavra, uma atitude, um olhar de alguém ou, até mesmo, um pensamento seu a fez duvidar de tudo que conquistou, da sua capacidade? Ou, pior ainda, fez você se sentir pequena e

VIDA ORGANIZADA, SUCESSO GARANTIDO

insignificante, e isso resultou em um desejo enorme de desistir de toda a jornada? Esse é o seu crítico particular agindo, o causador da pior das autossabotagens: o sentimento de não merecimento. E só existe uma pessoa que pode combatê-lo: você.

Só você pode ditar o que merece ou não, e não as pessoas ao seu redor. Só você sabe o quanto tem trabalhado para alcançar os seus sonhos e ajudar as pessoas que ama. Isso deve fazer com que você seja sempre a primeira pessoa a se respeitar, admirar, a sentir orgulho de si, a se perdoar, cuidar, priorizar, mimar e, principalmente, a se recompensar. Se você não tiver essa consciência, acredite, será lançada ao chão a cada passo que der, voltando à posição de vítima.

Por isso, se você compreende a sua jornada e tem consciência da sua melhora diária, uma das coisas mais importantes que deve fazer é reconhecer os seus méritos se premiando. E qual seria esse presente? Um tempo precioso, **somente para você**. Talvez você nunca tenha feito isso ou esteja tão enferrujada que já não lembra o que é ter espaço para fazer as próprias coisas, e já nem saiba como usar um espaço de tempo a seu favor. Então, para que pratique o automerecimento, vou deixar uma lista de pequenos gestos como exemplos de coisas que, apesar de simples, vão fazer você se sentir especial e lhe dar mais garra para continuar:

- ▶ Tomar um banho mais demorado, com um sabonete especial;
- ▶ Fazer uma meditação e relaxar;
- ▶ Dar um passeio no parque;
- ▶ Comprar uma flor para colocar no seu quarto;
- ▶ Comer o seu doce preferido;
- ▶ Passar um dia no salão de beleza, com direito a manicure, pedicure e cabeleireiro;
- ▶ Fazer uma massagem;
- ▶ Sair para tomar um café com uma amiga;
- ▶ Ir ao cinema;
- ▶ Passear em uma livraria e escolher um livro empolgante;
- ▶ Tirar um dia de folga de tudo e maratonar uma série;
- ▶ Se matricular naquele curso que tanto quer fazer;
- ▶ Se inscrever na aula de dança;

- Comprar aquela bolsa que tanto quer;
- Escolher qualquer coisa que lhe dê **prazer** e que faça o seu coração cantar, repetindo esse momento a cada miniconquista.

Importante: a diferença entre seus objetivos darem certo ou não está intrinsecamente ligada a colocar em prática esses primeiros **seis passos** que, apesar de simples, têm o poder de reestruturar e transformar a sua vida, mudando a percepção da sua família a seu respeito. Garanto que, à medida que novos hábitos começarem a surgir, você sentirá um orgulho imenso daquilo que é capaz de fazer. Para essa conquista, é necessário apenas clareza e direção, porque o resto já está dentro de você.

Usando como exemplo a lista que deixei acima, escolha pelo menos três maneiras de se autopresentear após um dia intenso de trabalho ou após uma pequena vitória.

1. _____
2. _____
3. _____

SÓ VOCÊ PODE DITAR O QUE MERECE OU NÃO, E NÃO AS PESSOAS AO SEU REDOR. SÓ VOCÊ SABE O QUANTO TEM TRABALHADO PARA ALCANÇAR OS SEUS SONHOS E AJUDAR AS PESSOAS QUE AMA.

@divinoarranjo

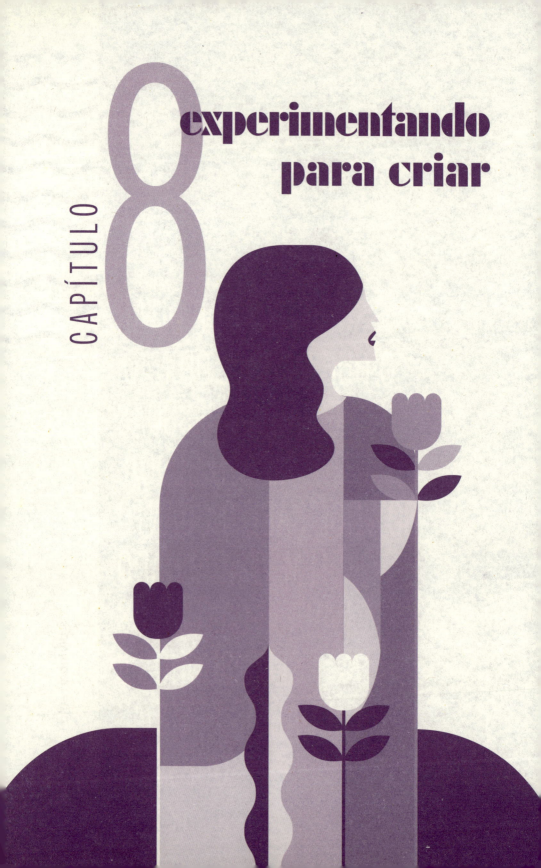

No meio da crise, encontrei meus maiores dons e tive as ideias que mudaram toda a minha história.

Em 2010, parei de trabalhar para ser mãe, esposa e dona de casa em tempo integral, passo que considerava a realização de um dos meus maiores sonhos. Porém, como a vida não é um conto de fadas, cerca de um ano depois sofri dois grandes reveses que me abalaram profundamente, a ponto de não conseguir ver nenhuma luz no fim do túnel. Na manhã do dia 30 de novembro de 2011, meu marido ficou sabendo que havia perdido o emprego, de onde tirávamos todo o nosso sustento. Nesse mesmo dia, no início da tarde, recebi a notícia da morte da minha mãe. O período que se seguiu foi tão ruim que até mesmo o que eu mais prezava, que era a família, negligenciei.

Preocupado comigo, meu marido me convidou para um passeio inusitado – nem imagino de onde ele tirou essa ideia e até hoje ele também não sabe. Eu, que nem ligava muito para flores, fui parar dentro do Ceagesp de São Paulo, mais especificamente na Feira de Flores. Por que resolvi topar aquela aventura ainda é um mistério para mim, mas naquele dia algo mágico aconteceu. Ao entrar no gigantesco galpão repleto de flores, fui inundada por tantas cores, aromas, formas e beleza, que me senti arrebatada. Eu me esqueci de tudo naquele mar de flores multicoloridas – inclusive das minhas dores. Saí de lá carregada de vasos e buquês e, ao chegar em casa, criei dezenas de arranjos florais de modo totalmente intuitivo. Hoje posso dizer que eles me permitiram nascer de novo.

Olhando para tudo aquilo, eu só conseguia sentir gratidão, orgulho e amor. Nem acreditava que estava criando aqueles arranjos com as minhas próprias mãos. Enquanto inventava combinações para aquelas flores, só conseguia pensar na minha mãe.

Mais tarde, como uma forma de homenageá-la por meio de um gesto aparentemente simples, decidi passear pelo condomínio em que vivia e presentear minhas vizinhas com os arranjos que havia criado. Uma semana depois, essas mesmas mulheres estavam na minha porta perguntando se eu teria mais daqueles arranjos florais.

E foi assim, com grandes problemas emocionais e financeiros, que a tímida primeira versão da minha empresa, Divino Arranjo, nasceu.

A mensagem que quero lhe deixar com essa história toda é que, quando decidi experimentar algo diferente, expondo a minha mente a novas e boas informações, uma chave interna virou, e algo lindo começou a brotar dentro de mim. Aceitar esses desafios me trouxe tanto prazer e alegria que eu nunca mais parei de criar.

O meu crescimento nessa nova área de trabalho aconteceu gradativamente, fazendo minhas feridas emocionais cicatrizarem ao longo do caminho. Os problemas financeiros e familiares que pareciam insolúveis agora estavam se resolvendo – tudo porque comecei a enxergar as coisas com mais clareza, com a minha mente renovada e aberta para novas possibilidades. Como resultado de toda essa experiência, passei a ter muitas ideias de pequenos negócios e, desde então, nunca mais parei de desenvolver novos projetos. Este livro, inclusive, é um dos frutos desse processo criativo.

Acredite: se você não se sente criativa porque passou ou está passando por momentos difíceis, fique tranquila. É apenas questão de ampliar a sua percepção. Você tem tudo de que precisa para se tornar uma mente brilhante – e eu vou lhe provar isso.

Conhece a frase: "Quando o recurso é escasso, a criatividade deve ser abundante"? E essa outra: "Brasileiro tem que ser estudado pela Nasa"? Sabe o que elas têm em comum? Ambas se referem ao potencial que todo ser humano tem de solucionar grandes problemas com pouco ou nenhum recurso.

EXPERIMENTANDO PARA CRIAR

Talvez você ainda esteja pensando: *Problema eu tenho de monte, mas como resolvê-los se não sou criativa nem possuo habilidades ou dons especiais?*

Vou ajudar você nisso.

A criatividade soluciona problemas

Para começar, vamos entender o que significa a palavra **criatividade**. O termo vem do latim, da palavra *creare*, que significa "capacidade de criar, produzir ou inventar coisas novas".[60] Pela definição do dicionário,[61] criatividade é: "1. Qualidade ou característica de quem ou do que é criativo; 2. Inventividade, inteligência e talento, natos ou adquiridos, para criar, inventar, inovar".

A partir disso, podemos afirmar que a criatividade é a vontade de imprimir no mundo a sua marca pessoal por meio de algo bom que você acabou de descobrir. Acredito, ainda, que a criatividade é uma habilidade inata a todo ser humano, e foi justamente isso que permitiu que nos adaptássemos e sobrevivêssemos, evoluindo ao longo do tempo – já que foi a capacidade do cérebro humano de criar soluções que nos rendeu incontáveis conquistas, acelerando o desenvolvimento, o progresso e a tecnologia.

Já parou para pensar como a criatividade de algumas pessoas do passado influencia a sua qualidade de vida de hoje? É o caso de Benjamin Franklin, que, em 1752, por meio de um experimento com uma pipa e uma chave de metal, descobriu a eletricidade. Como uma evolução de seu experimento, em 1879, Thomas Edison inventou a lâmpada, um objeto capaz de concentrar a eletricidade dentro de uma esfera de vidro e trazer a luz para onde antes era só escuridão.

Assim como esses, existem diversos outros exemplos de invenções e ideias incríveis que solucionaram um problema e revolucionaram o mundo, nos proporcionando uma vida bem melhor. De fato, há uma infinidade de coisas desenvolvidas a partir da combinação entre

---

60 VESCHI, B. Etimologia de criatividade. **Etimologia: Origem do Conceito**, 2019. Disponível em: https://etimologia.com.br/criatividade/. Acesso em: 16 abr. 2023.

61 CRIATIVIDADE. *In*: MICHAELIS: Dicionário Brasileiro da Língua Portuguesa. São Paulo: Melhoramentos, 2023. Disponível em: https://michaelis.uol.com.br/moderno-portugues/busca/portugues-brasileiro/criatividade. Acesso em: 16 abr. 2023.

problemas a serem resolvidos e alguém com criatividade, e que fazem com que nossa vida se torne mais leve e prazerosa ou, em alguns casos, menos difícil.

Sabe o que é mais fascinante nisso tudo? Esse mesmo potencial criativo reside em você também. E, ao exercitar esse dom – afinal, a criatividade é como um músculo que se fortalece com a prática –, você poderá gerar coisas fantásticas, beneficiando uma série de outras pessoas, como grandes nomes fizeram no passado. Assim, ao tentar resolver problemas com a nossa criatividade, estamos deixando a nossa marca no mundo, ou seja, transmitindo um legado para as futuras gerações.

Por isso, proponho uma reflexão. Como você gostaria de ser lembrada pelos seus filhos, netos e bisnetos? Quer ser a pessoa que tinha muitos problemas, se queixava de tudo e estava sempre à espera de um milagre ou a pessoa que, de uma maneira muito criativa, se orgulhava de dar um jeito e resolvia tudo?

Então, convido você a ativar sua criatividade, deixando a sua marca no mundo e sentindo um imenso orgulho de si mesma. Se pensou que a sua vida seria sem sal e insignificante, a partir deste capítulo posso lhe garantir que não é esse o caso. A seguir vou apresentar o tempero da vida. Isso mesmo, o tempero. Você pode pensar que estou louca, mas adianto que sem ele não haveria muitas das novidades, descobertas e invenções tão importantes e significativas para nós, e não seria possível que a humanidade continuasse seu processo de evolução a passos largos.

Pilares para o desenvolvimento do processo criativo

Ter algo para resolver: um problema, um enigma, um desafio, um sonho.

Sem esses estímulos não há motivo para o nosso cérebro sair da zona de conforto. Somente os desafios nos livram de pensamentos como: *Ah, está difícil, mas vou levando; Importante mesmo é ter o que comer; Ruim com ele, pior sem ele.* Ideias presas ao conformismo que enganosamente parece mais seguro e confortável. Então, cuidado com a zona de conforto: é nela que geralmente acontece a morte gradativa da esperança.

A CRIATIVIDADE É A VONTADE DE IMPRIMIR NO MUNDO A SUA MARCA PESSOAL POR MEIO DE ALGO BOM QUE VOCÊ ACABOU DE DESCOBRIR.

@divinoarranjo

Eu sei que pode parecer loucura dizer para você encarar seus problemas e desafios como oportunidades que a levarão a ter sucesso, mas eu não poderia deixar de citar que a prática desse esforço se torna cada vez mais simples para o nosso cérebro, que tem uma tendência a se tornar cada vez mais preguiçoso quando optamos pelo caminho mais fácil, mais simples, mais confortável. O especialista André Buric explicou que nosso cérebro sempre busca economizar energia, e por conta disso sempre se inclinará para hábitos sedentários e preguiçosos, em vez de hábitos ativos. O cérebro também busca evitar riscos, mas se você manipular os riscos a seu favor, a economia de energia ficará em segundo plano, ou seja, quanto mais você se desafia, mais alcança resultados que sequer imaginava serem possíveis.[62]

Olhar os problemas como possibilidades para inventar novas soluções é o tipo de atitude que alimenta o processo criativo. Não seja conformada, seja transformada.

Ter recursos escassos: falta de tempo, dinheiro ou apoio.

Se você é da turma que está sempre reclamando que não consegue mudar de vida porque falta tempo, dinheiro ou apoio, então, é uma séria candidata a ser supercriativa e ter sua vida transformada por ricas descobertas. Esteja munida de desafios e se prepare para o próximo pilar.

Ter um acervo mental de informações: fazendo a mágica acontecer.

A peça final para fazer a criatividade aflorar é ter um banco de dados mental repleto de boas informações coletadas ao longo do tempo. Essas informações podem ser obtidas por meio de leituras, imagens, sons e experiências que são armazenadas no nosso subconsciente e que alimentam os arquivos mentais de um grande departamento de assuntos gerais que temos dentro de nós. É nesse arquivo que, quando um problema se apresenta, o cérebro vai buscar informações para tentar

---

62 ESPECIALISTA explica a preguiça no cérebro, e mostra como é possível eliminá-la. **Terra**, 25 out. 2019. Disponível em: https://www.terra.com.br/noticias/dino/especialista-explica-a-preguica-no-cerebro-e-mostra-como-e-possivel-elimina-la,472ce1543f2c8d29e7e2f458555c7a05gs65sveb.html. Acesso em: 22 maio 2023.

EXPERIMENTANDO PARA CRIAR

encontrar soluções. Portanto, ter um arquivo recheado com diferentes tipos de informações aumentará muito a sua capacidade de encontrar respostas geniais para os problemas.

Você já deve ter passado por alguma situação em que alguém teve uma ideia tão boa e ao mesmo tempo tão simples que na hora você pensou assim: *como é que eu não pensei nisso antes?* É dessa mágica que estamos falando. As ideias mais geniais são simples, costumam estar ali a nosso alcance, mas o fato de estarmos com a mente vazia ou pior, cheia de informações inflamadas e de péssima qualidade, nos impede de ver o óbvio – e se você não vê, alguém em algum momento verá.

Em um ambiente poluído – repleto de más recordações, experiências ruins, informações catastróficas e conversas improdutivas e pessimistas – os sonhos, a esperança e o amor-próprio atrofiam, eliminando qualquer possibilidade de vermos a luz no fim do túnel. Por isso, pare e pense no tipo de informações que você tem coletado. Ter muita coisa na cabeça não significa ter boas coisas. Nosso cérebro absorve tudo o que vê, ouve e sente.

Faça um profundo detox mental para liberar espaço para as boas informações entrarem. Assim, evite:

- ▶ Telejornais sensacionalistas, aqueles em que o sangue só falta escorrer pela tela de tanta desgraça, tragédia e catástrofe que noticiam;
- ▶ Músicas de baixo calão e que proferem ofensas, que desmerecem principalmente as mulheres e que fazem apologia a qualquer coisa que deprecie o ser humano e incite perversidade, violência, caos e ódio;
- ▶ Filmes com cenas de terror, maldade, violência e sexo sem contexto;
- ▶ Pessoas pessimistas, negativas, reclamonas, desonestas, adúlteras, traidoras, rancorosas, vingativas, maldosas e violentas.

Esses tipos mensagens que consumimos e de ambientes aos quais nos submetemos acabam por influenciar de forma negativa a nossa forma de pensar e agir, e são capazes de consolidar maus hábitos e prejudicar nosso bem-estar físico e mental, o que nos rouba a esperança de dias melhores. Repare se não acontece exatamente assim no seu círculo de convivência:[63]

▶ Se a pessoa consome muitas notícias ruins, ela se torna pessimista;[64]

▶ Se a pessoa anda com mentirosos, logo ela começará a mentir;

▶ Se a pessoa consome produtos de baixa qualidade, logo ela também perde qualidade de vida, adoecendo o corpo e a mente;[65]

▶ Se a pessoa anda com traidores, logo achará que trair é normal;

▶ Se a pessoa anda com pessoas de boa índole, ela tende a se tornar boa;

▶ Se a pessoa consome beleza, ela se torna bela;

▶ Se a pessoa consome o bem, ela se torna esperançosa;

▶ Se a pessoa consome boas informações, ela se torna criativa.

Resumindo, as más companhias têm a capacidade de nos dessensibilizar ao ponto de não percebermos para onde esse caminho está nos levando.

Cuidado com o que vê, escuta e fala

Existem vários estudos, artigos, livros, professores e mestres que nos ensinam sobre os cuidados que devemos ter com a qualidade do conteúdo que deixamos entrar em nossa vida através dos nossos olhos e ouvidos e com aquilo que sai da nossa boca. Busquei algumas informações em um dos livros mais antigos e mais lidos do mundo para começar essa conversa. Independentemente de qual seja sua fé ou religião, são os ensinamentos e direcionamentos com o objetivo de

---

63 BROTTO, T. F. 10 formas de identificar amizades tóxicas. **Psicologo.com.br**, 4 dez. 2020. Disponível em: https://www.psicologo.com.br/blog/10-formas-de-identificar-amizades-toxicas/. Acesso em: 16 abr. 2023.

64 TATSCH, C. O noticiário está te fazendo mal? Especialistas dizem como manter a saúde mental. **O Globo Bem-Estar**, 24 jul. 2022. Disponível em: https://oglobo.globo.com/saude/bem-estar/noticia/2022/07/o-noticiario-esta-te-fazendo-mal-especialistas-dizem-como-manter-a-saude-mental.ghtml. Acesso em: 16 abr. 2023.

65 SANCHES, D. 7 coisas que acontecem no corpo quando paramos de comer fast food. **Viva Bem Uol**, 13 abr. 2021. Disponível em: https://www.uol.com.br/vivabem/noticias/redacao/2021/04/13/coisas-que-acontecem-no-corpo-quando-paramos-de-comer-fast-food.htm. Acesso em: 16 abr. 2023.

EXPERIMENTANDO PARA CRIAR

manter o bem-estar e o desenvolvimento pessoal que importam no fim do dia. Que tal fazermos agora uma autoanálise sincera, verdadeira e profunda para que, ao final deste capítulo, você tenha clareza do caminho necessário para se tornar uma pessoa iluminada, produtiva, criativa e feliz? Mas, ao fazer isso, não seja dura demais consigo mesma! Todos temos o bem e o mal no nosso interior e identificar qual deles estamos alimentando é fundamental.

Sobre os nossos olhos

Em Mateus 6:22-23, encontramos uma referência que discute como a maneira como vemos as coisas revela o estado interior em que estamos naquele momento:

> *A candeia do corpo são os olhos; de sorte que, se os teus olhos forem bons, todo o teu corpo terá luz;*
> *Se, porém, os teus olhos forem maus, o teu corpo será tenebroso. Se, portanto, a luz que em ti há são trevas, quão grandes serão tais trevas!*

Pense com cuidado: se você vê mais problemas do que soluções nas questões cotidianas, se vê mais falhas do que virtudes, se vê mais destruição do que beleza e se a esperança de dias melhores está cada vez mais escassa, fazendo-a reclamar e praguejar com frequência, como você acha que está por dentro? Mais luz ou mais trevas? Avalie por onde seus olhos têm estado com maior frequência, a que você tem assistido constantemente? O que anda consumindo ou alimentando para estar assim?

Sobre os nossos ouvidos

Já Provérbios 17:4 aponta para quem gosta de estar antenada nas más conversações e nas fofocas sobre a vida alheia – não se engane, ouvir também é participar: "Águas profundas são as palavras da boca do homem, e ribeiro transbordante é a fonte da sabedoria".

Quantas vezes você já julgou alguém sem ao menos conhecer a pessoa, só porque escutou alguém falando mal dela? Ficar ouvindo quem faz comentários negativos ou depreciativos sobre alguém não traz nada de produtivo. Muito pelo contrário, pode intoxicar você. Pois ouvir propositalmente é ser conivente, é participar e, às vezes, até concordar (mesmo que de maneira silenciosa). Então, fazer parte de fofocas, opiniões e julgamentos da vida alheia jamais lhe trará luz e esperança.

Sobre a nossa boca

Nas passagens a seguir fica claro que o que falamos revela o estado das nossas emoções: "O que contamina o homem não é o que entra na boca, mas o que sai da boca, isso é o que contamina o homem". (Mateus 15:11); e "Mas, o que sai da boca, procede do coração, e isso contamina o homem". (Mateus 15:18).

Tudo o que falamos tem como origem o que está dentro do nosso coração. Se temos raiva, falamos com raiva; se temos ódio, falamos com ódio; se temos violência, falamos com agressividade; se temos amor, falamos com carinho; se temos alegria, falamos sobre assuntos felizes; se temos paz, falamos com brandura. O que precisamos avaliar é com o que temos nutrido a nossa alma e os nossos sentimentos. Porque se contaminarmos o nosso coração, seremos denunciados pelo que falamos.

Agora que ficou claro que tudo o que vemos, ouvimos ou falamos tem influência direta na nossa capacidade de gerar vida ou morte sobre coisas, pessoas e sonhos, deve ficar também evidente que essas atitudes influenciam nossa capacidade criativa.

Quanto mais lixo temos arquivado no nosso banco de dados mental, menor será a nossa capacidade criativa. É por isso que para algumas pessoas uma questão pode ser uma barreira intransponível enquanto para outras o mesmo acontecimento não passa de um pequeno obstáculo. É, aliás, o que vemos em Mateus 12:35: "O homem bom tira boas coisas do bom tesouro do seu coração, e o homem mau do mau tesouro tira coisas más".

O que isso quer dizer? Que a decisão de ter um arquivo mental repleto de boas informações é determinante para resgatar, restaurar e potencializar a sua capacidade de criar coisas incríveis, driblando ou se adaptando a qualquer situação adversa e, ainda, tirando bom proveito dela.

EXPERIMENTANDO PARA CRIAR

Por isso, antes de prosseguirmos, vamos fazer um exercício para identificar quais ações, comportamentos ou tipos de pessoas você deve cortar (ou pelo menos diminuir) da sua rotina diária. Relacione abaixo (dando nomes) tudo aquilo que você já sabe que não lhe agrega valor e que, ainda por cima, intoxica sua mente e personalidade, castrando todo o seu potencial criativo.

▶ Novelas: _____
▶ Telejornais: _____
▶ Reality shows: _____
▶ Filmes: _____
▶ Séries: _____
▶ Vícios: _____
▶ Grupos: _____
▶ Pessoas: _____
▶ Outros: _____

Agora que você já identificou tudo aquilo que pode estar em excesso e até fazendo mal, marque com uma caneta vermelha o que você vai cortar de vez e com uma amarela o que você vai diminuir. É importante também determinar uma data para começar esse processo de detox.

Como criar um acervo mental saudável e genial?

Depois desse detox profundo, vamos agora para a parte mais legal deste capítulo, que é aprender como se abastecer de informações interessantes e produtivas. Mas fique tranquila: isso não vai roubar horas do seu dia já tão corrido. Também não implicará em ter que estudar horas a fio. Será algo bastante prazeroso!

O objetivo é ativar a sua capacidade criativa. Para isso, preciso que você abasteça a sua mente com boas informações, pois é desse arquivo mental que o seu cérebro vai selecionar diferentes pensamentos, imagens e palavras que, juntos, se transformarão em soluções geniais.

Para criar esse arquivo mental bastam o desejo e a curiosidade para observar, ouvir, cheirar, sentir e querer aprender algo novo. Esse comportamento por si só vai lhe transformar em uma máquina de ideias. E para isso não é preciso muito esforço nem concentração, basta entender e praticar o ócio criativo,[66] ideia proposta pelo professor e sociólogo italiano Domenico de Masi.

Basicamente, o autor defende que o ócio criativo é uma maneira inovadora de definir o trabalho, e as pessoas podem adotá-lo em busca de mais qualidade de vida. No seu livro *O ócio criativo*, Domenico[67] demonstra como alegria e satisfação pessoal no dia a dia aumentam a criatividade e, consequentemente, melhoram o desempenho produtivo no trabalho e na vida escolar.

Nesse sentido, uma fala do filósofo Mário Cortella pode nos ajudar bastante a elucidar a importância do ócio criativo para o indivíduo. Segundo ele: "A desocupação é criativa na medida em que permite que você note o que não era notado".[68]

Ou seja, quando estamos em um estado de liberdade mental, sem pressões e sem demandas, conseguimos apreciar e enxergar os detalhes das coisas simples do dia a dia e que em muitas situações se transformam em ideias e soluções para questões ainda não resolvidas. A seguir, indico alguns exemplos de ações que podem lhe ajudar a entender como se tornar uma pessoa genial e criativa:

- ▶ Passear no parque, observando as diferentes plantas, cores, formas e bichinhos do local e sentir o cheiro do orvalho fresco das primeiras horas da manhã;
- ▶ Admirar o céu, observando os diferentes tons de azul e o formato das nuvens;
- ▶ Observar os pássaros, com suas cores, formas e sons, ouvindo o bater de suas asas, o seu canto e o chamado dos seus filhotes;
- ▶ Sentar-se ao sol, sentindo o calor entrar pelo corpo, aquecendo e iluminando você;
- ▶ Passear pela rua observando quantas árvores vê e como elas são, buscando seus frutos e imaginando todas as histórias que já passaram diante delas;

---

66 DESCUBRA o que é Ócio Criativo e sua importância. **Estudo em Dia**, 7 jan. 2022. Disponível em: https://www.estudoemdia.com.br/ocio-criativo/. Acesso em: 16 abr. 2023.

67 DE MASI, D. **O ócio criativo**. Rio de Janeiro: Sextante, 2004.

68 DESCUBRA. *op. cit.*

QUANDO ESTAMOS EM UM ESTADO DE LIBERDADE MENTAL, SEM PRESSÕES E SEM DEMANDAS, CONSEGUIMOS APRECIAR E ENXERGAR OS DETALHES DAS COISAS SIMPLES DO DIA A DIA E QUE EM MUITAS SITUAÇÕES SE TRANSFORMAM EM IDEIAS E SOLUÇÕES PARA QUESTÕES AINDA NÃO RESOLVIDAS.

@divinoarranjo

134 Liberdade na alma e dinheiro na conta

- ▶ Contemplar as flores, seus diferentes tons de cor, sentir o seu perfume, a textura das suas pétalas e perceber os seus diferentes formatos;
- ▶ Fechar os olhos e ouvir o som do vento e da chuva, que fazem com que os galhos das árvores se movimentem, compondo uma linda melodia;
- ▶ Contemplar o mar e seus tons de verde e azul. Sentir o seu cheiro, observar as ondas se formando e quebrando. Sentir a textura da areia entre os dedos ao molhar os pés. Mergulhar e notar o frescor da água, o sal na boca e o calor do sol no rosto;
- ▶ Se encantar com um arco-íris sendo formado no céu e admirar o seu dégradé de cores cintilantes após a chuva;
- ▶ Observar o contraste das cores do mar com as do céu;
- ▶ Cultivar plantinhas e flores, vê-las nascerem, crescerem e desabrocharem;
- ▶ Ouvir boas músicas, com letras e melodias poéticas e amorosas;
- ▶ Ler um livro sobre um assunto que faça você feliz ou que lhe traga algum conhecimento útil;
- ▶ Assistir a filmes e séries que tenham um contexto produtivo, que a moral da história seja algo relevante e que acrescente conhecimento e prazer à sua vida;
- ▶ Ir a um museu e querer saber da história de um lugar. Descobrir como as pessoas pensavam e agiam, buscar entender suas motivações e admirar suas conquistas em relação à época em que viveram;
- ▶ Experimentar novos sabores de frutas e comidas;
- ▶ Fazer de uma ida à feira livre um momento para explorar cores, formatos e sabores;
- ▶ Visitar exposições para conhecer artistas, suas inspirações e as histórias que eles contam por meio das suas obras (aproveite, há muitas que são gratuitas!);
- ▶ Passear por regiões da sua cidade que ainda não conhece, pesquisando locais diferentes e as histórias de cada um deles.

Enfim, experimente coisas simples, coisas novas, coisas diferentes, coisas boas, coisas que agreguem valor à sua vida, que lhe proporcionem experiências diferentes e histórias para contar. Mesmo que ainda não entenda como vai se beneficiar com esses pequenos aprendizados, elas já estarão ajudando-a – e você entenderá isso em pouco tempo.

Agora que já identificou do que precisa se desintoxicar e do que precisa se alimentar, escolha pelo menos dez opções da lista a seguir. Nomeie suas escolhas e defina uma data para que elas sejam realizadas. À medida que começar essas atividades, considere que iniciará também sua nova fase criativa.

- ☐ Conhecer um novo bairro da sua cidade.
  Qual? _____
  Data do passeio: _____

- ☐ Visitar um museu.
  Nome do museu: _____
  Data da visita: _____

- ☐ Fazer uma aula de dança.
  Nome da escola: _____
  Data da 1ª aula: _____

- ☐ Aprender outro idioma.
  Nome da escola: _____
  Data da 1ª aula: _____

- ☐ Tomar um banho de chuva. Onde? _____

- ☐ Conhecer o mar. Qual praia? _____
  Data da viagem: _____

- ☐ Viajar para uma grande capital.
  Nome da cidade: _____
  Data da viagem: _____

- ☐ Andar de teleférico/bondinho.
  Nome do local: _____
  Data do passeio: _____

- ☐ Plantar uma árvore e acompanhar o seu crescimento.
  Onde? _____

- ☐ Aprender a pintar, desenhar, bordar, costurar.
  Nome da escola: _____
  Data da 1ª aula: _____

☐ Andar de bicicleta, de patins ou patinete.
Onde? _____ Data da aventura:_____

☐ Dar uma festa. Tema? _____
Onde? _____ Data da festa: _____

☐ Assistir a uma peça de teatro.
Qual peça? _____ Data da peça: _____

☐ Aprender a tocar um instrumento.
Qual instrumento? _____
Nome da escola: _____
Data da 1ª aula: _____

☐ Cantar em um karaoke.
Onde? _____ Data da aventura:_____

☐ Aprender a usar o computador. Quando? _____

☐ Criar um perfil de trabalho no Instagram.
Quando? _____

☐ Meditar. Onde? _____ Data de início: _____

☐ Acordar mais cedo para ver o sol nascer.
Quando começa? _____

☐ Assistir a uma orquestra.
Onde? _____ Data da aventura:_____

☐ Perguntar a alguém como poderia ajudá-lo.
A quem? _____ Quando? _____

☐ Mudar o estilo de roupa ou do cabelo.
Nome do local: _____ Data: _____

☐ Acampar. Onde? _____ Data: _____

☐ Participar de um trabalho social.
Qual? _____
Nome do local: _____
Data da 1ª visita: _____

desafio

- ☐ Ensinar a alguém algo que você saiba fazer muito bem.
  O que é: _____
  Para quem: _____ Quando? _____

- ☐ Mergulhar. Onde? _____
  Data da aventura: _____

- ☐ Fazer um passeio de balão.
  Onde? _____ Data da aventura: _____

- ☐ Caminhar sem um destino certo, apenas para apreciar
  a paisagem. Data da aventura: _____

- ☐ Ir ao cinema sozinha.
  Assistir ao quê? _____
  Data do passeio: _____

- ☐ Ler outro livro.
  Qual? _____ Data da compra: _____
  Data da leitura da 1ª página: _____

- ☐ Viajar sozinha.
  Para onde? _____ Data: _____

- ☐ Andar de avião. Viagem para onde? _____
  Passagem para qual dia? _____

- ☐ Passear de trem. Viagem para onde? _____
  Passagem para qual dia? _____

- ☐ Conhecer um novo estado. Qual? _____
  Data da viagem: _____

- ☐ Aprender a nadar. Onde? _____
  Data da 1ª aula: _____

- ☐ Experimentar um prato de uma culinária diferente.
  Nome do prato: _____
  Onde? _____ Quando? _____

- ☐ Visitar um orquidário.
  Qual? _____ Data: _____

> Faça o teu melhor, na condição que você tem, enquanto você não tem condições melhores para fazer melhor ainda!

MARIO SERGIO CORTELLA[69]

"Não tenho dinheiro para nada nem apoio de ninguém. Como vou recomeçar, fazer um curso, me especializar em algo e abrir um pequeno negócio? Como?". Essa tem sido uma fala recorrente de mulheres que me procuram muito mais para se lamentar do que efetivamente para solucionar os seus problemas. Por isso, neste ponto, é importante que você seja sincera consigo mesma e decida, de uma vez por todas, se quer fazer acontecer ou se vai seguir dando desculpas e justificando a sua falta de ação por conta dos obstáculos da vida.

Eu sei que muitas vezes você quer uma saída, mas não consegue enxergar a luz para iluminar o caminho. Eu também já estive desse lado. Porém, existe uma grande chance de que você esteja olhando para o seu objetivo final, lá longe, e pensando que com a sua realidade atual não tem a menor condição de alcançá-lo. Pensa que se tivesse as condições ideais, tudo seria rápido e fácil, mas como lhe falta os recursos necessários, desanima. Então, entra em um ciclo de frustração e autossabotagem que a faz andar em círculos, acreditando que nunca vai conseguir fazer nada de diferente na vida.

Você precisa quebrar esse ciclo, e vou lhe mostrar como.

---

69 MARIO Sergio Cortella. Faça o seu melhor. 2018. vídeo (2min45s). Publicado pelo Canal do Cortella. Disponível em: https://www.youtube.com/watch?v=dd1bshyyqjg0. Acesso em: 16 abr. 2023.

140　　　Liberdade na alma e dinheiro na conta

Toda vez que me vejo diante de um desafio, não saio feliz e saltitante – não é assim que funciona – mas também não desisto. Desafios dão medo porque nos tiram da zona de conforto, mas são o que nos levam para lugares nunca imaginados. Então, pensando aonde esse desafio pode me levar e no que vou aprender nessa nova jornada, respiro e começo a avaliar como resolvê-lo de maneira rápida e prática. Nesse momento, costumo me lembrar dessa frase antiga: **"Quem quer faz e quem não quer dá desculpas"**.

Imagino que você deva estar lendo e pensando: *Ela está falando isso porque não conhece a minha vida, não sabe o que eu passo.* E sim, você tem toda a razão. Mas apesar de todas as dificuldades que você enfrenta, a verdade é que precisa seguir em frente e entender o que deve ser feito para atingir os seus objetivos. Portanto, agora vamos concentrar esforços no planejamento da sua nova fase de vida como empreendedora e dona do próprio nariz. Pronta?

Tempo, conhecimento e apoio você já tem, mas e o dinheiro?

Antes de mais nada, entenda que quando falamos em recursos não estamos falando de assuntos relacionados somente a **dinheiro**. Muito embora ele seja de fato importante, você também terá que disponibilizar outros tipos de recursos ao investir em um negócio próprio, como **tempo**, **conhecimento** e **apoio**. De nada serve todo o crédito financeiro do mundo se você não colocar a mão na massa e der os passos iniciais. Foi assim com todas as mulheres que se tornaram um sucesso e que hoje você admira, pode ter certeza. Então, não se esqueça: para começar, não é necessário mais nada além do que você já tem hoje – basta dar o pontapé inicial.

Nos capítulos anteriores, em especial no capítulo 5, falamos sobre como se priorizar é fundamental, e isso esbarra muitas vezes na questão da falta de **apoio**. Priorizar é se apoiar, acreditar em si mesma, nos seus dons, talentos e também nos seus projetos, e sem essa atitude nada acontece. Nunca haverá apoiadores enquanto você mesma não acreditar em si e se valorizar. Você é a sua maior força! Quando se colocar em primeiro lugar, todos os outros recursos começarão a ficar disponíveis.

VOCÊ TEM TUDO DE QUE PRECISA   **141**

Já o recurso **tempo**, você aprendeu no capítulo 7: com um pouco de organização, dá para conseguir um tempo livre, sim, senhora.

Em relação ao **conhecimento**, se não existisse internet eu até daria razão a quem fala que não tem como aprender nada. Mas hoje essa desculpa não cola mais, né?! Qualquer smartphone, por mais simples que seja, tem um mínimo de acesso à internet, o que já é suficiente para aprender qualquer coisa de maneira gratuita, com um só clique. Nesse sentido, o YouTube é o melhor lugar para se informar. Corra lá e faça o teste para ver se não é verdade.

Viu só como essa ladainha de "não tenho tempo, não tenho apoio e não tenho conhecimento" não faz sentido? Em poucos parágrafos eu lhe mostrei que essa é apenas uma crença limitante que você repete sem nem parar para pensar. Agora que já acertamos isso, vamos para o próximo recurso, o tal do **dinheiro**.

Se esse recurso ainda está escasso, é porque falta colocar em prática o que aprendeu no capítulo 8, no qual falamos sobre **criatividade**. Lembra-se do que falei lá? **Quando o recurso é escasso, a criatividade deve ser abundante.** Agora chegou a hora de colocar em ação essa criatividade, e você deve fazer isso com planejamento, organização e definição de objetivos reais.

Antes de ensinar como fazer dinheiro para dar início à sua nova fase, proponho uma reflexão. Pense no quanto você quer se tornar independente e ter seu pequeno negócio, algo que lhe garanta não apenas o seu dinheiro, mas a liberdade de ir e vir, de dizer sim ou não em todas as situações. Para conquistar os recursos para realizar esse projeto, antes você precisa desejá-lo profundamente. Quando queremos algo de verdade, do fundo do coração, viramos o mundo de cabeça para baixo até conseguirmos.

Com isso em mente, vamos ver a seguir quais atitudes você deve tomar.

Identifique a sua motivação real

Falar sobre aquilo que nos move pode parecer simples, mas quando paramos para refletir sobre nossos reais objetivos de vida percebemos que não é tão fácil definir nossas motivações. Mais do que pensar em que ramo de negócio você gostaria de atuar, talvez seja importante primeiro entender quais são os seus propósitos de vida. Então, pense com franqueza e responda para si mesma quais seriam os reais motivos pelos quais você busca uma mudança de vida. Podem ser coisas bem reais e palpáveis como, por exemplo, pagar as dívidas, comprar uma casa própria ou um carro novo, fazer aquela viagem dos sonhos ou uma cirurgia plástica para se sentir melhor. Pode ser ainda fazer a faculdade que você sempre quis ou pagar a formação dos seus filhos, mas também pode ser algo relacionado a emoções e sentimentos, como deixar de ser dependente de alguém, ser respeitada, reconhecida, admirada e ainda ter liberdade para decidir sobre a própria vida, ou seja, resgatar a sua autonomia. Viu só?! Não precisa ser nada fora do comum, mas tem que existir a clareza de um propósito real.

O que me motivou a iniciar nessa jornada do empreendedorismo e ter o meu próprio negócio lá em 2012 foi justamente um momento de crise financeira e emocional, como já falei para vocês. As contas se acumularam de tal modo que até oficial de justiça bateu na minha porta querendo levar o meu carro. Além disso, as mensalidades das escolas dos meus filhos ficaram atrasadas e a taxa de condomínio sem pagar, eu não tinha mais para onde correr. Sentia vergonha até de descer no elevador do prédio, porque o meu nome estava na lista dos inadimplentes.

Quando dei espaço para a minha criatividade agir, porém, descobri a habilidade de criar arranjos florais. Fui vendê-los mesmo sabendo que isso não resolveria todos os meus problemas, mas com a certeza de que não estava mais no ponto zero, pois algo havia mudado: eu havia dado o primeiro passo.

Comecei sem quase nada de recursos, usando o que tinha da melhor maneira possível porque o meu propósito real era pagar as minhas dívidas, que eram altas, e voltar a ter dignidade, podendo andar de cabeça erguida. Mas o fator principal para que essa decisão se materializasse e tomasse força dentro de mim era o objetivo de nunca mais ter a matrícula escolar dos meus filhos negada por eu estar com o nome sujo. Passar por essa situação doeu tanto que jurei que um dia colocaria os meus filhos na melhor escola de São Paulo – e comecei a viver por isso.

VOCÊ TEM TUDO DE QUE PRECISA **143**

Claro que as motivações vão mudando conforme trilhamos a jornada. Hoje tenho outras motivações e novos objetivos, mas sei que só cheguei até aqui por causa daquele primeiro passo lá atrás, há dez anos.

Reflita sobre as suas motivações para mudar de vida e começar seu pequeno negócio e escreva a seguir três delas:

1. _____
2. _____
3. _____

Crie um negócio trampolim

É muito importante lembrar que, antes de termos sucesso nos planos que criamos, precisamos apagar alguns incêndios – principalmente se a raiz do problema for dinheiro. Percebo que a maioria das pessoas quer logo partir para algo definitivo, que além de dar muito dinheiro possa realizar os seus sonhos. No entanto, para desenvolver grandes negócios, o esforço e os recursos também devem ser grandes, o que não é viável para quem está com a vida em chamas.

Assim, criar um pequeno negócio para levantar dinheiro rápido pode ser uma excelente opção. Fazer o melhor com o que se tem à mão tem a ver com isso – apagar os incêndios e ter paz para deitar a cabeça no travesseiro e, só então, ter reais condições de desenvolver algo maior.

Comigo foi assim também. Os arranjos florais foram o meu primeiro pequeno negócio, dando vida e nome à minha empresa, Divino Arranjo, e representaram o início da minha jornada. Não ganhei rios de dinheiro, mas conquistei a satisfação pessoal necessária para superar um momento em que me sentia um lixo, sozinha e improdutiva. Experimentar algo novo, desenvolver uma habilidade que eu nem sabia que tinha e ganhar um dinheirinho me possibilitou começar a pôr em dia as contas básicas da casa e me deu ânimo para continuar, me trouxe esperança. Afinal, eu havia conseguido sair da estaca zero.

Então, entenda que um primeiro negócio não necessariamente será o que levará você a alcançar os seus maiores sonhos, mas vai ajudá-la a resolver algumas questões do seu dia a dia e lhe dará fôlego para o próximo nível. Eu chamo isso de **negócio transitório ou negócio trampolim.**

Quando comecei o meu negócio trampolim, eu nem tinha consciência de que estava fazendo isso. Só precisava de algo novo na vida para não afundar mais. Quando as primeiras clientes que conheceram a minha arte continuaram a me procurar para encomendar novos arranjos, caiu a ficha: vou trabalhar com flores. Como me faltava conhecimento sobre esse mundo, desde os tipos de flores até como montar os arranjos de modo mais eficiente e, principalmente, sobre negócios, eu comecei a fazer algumas aulas gratuitas no YouTube.

Devagarinho, as coisas foram fluindo e, para driblar o recurso financeiro escasso, eu comecei a ter algumas ideias (olha a criatividade entrando em ação aí!). Percebi que poderia comprar apenas flores da época – além de serem mais em conta, eram muito mais frescas e duravam quase dez dias a mais do que as outras. Com aquelas matérias-primas lindas e coloridas, toda semana criava arranjos novos e diferentes.

Desenvolvi um formato de assinatura floral para essas primeiras clientes, que moravam no mesmo condomínio que eu – o que facilitava muito a entrega, que era feita por mim mesma, de porta em porta, a cada sexta-feira. As clientes amavam receber os arranjos lindos e frescos toda semana e era muito prazeroso para mim ver a expressão de satisfação delas.

Um ponto importante foi a questão do pagamento por mês, que me ajudou demais. Foi por conta dessa iniciativa que pude começar a ter uma renda recorrente, o que trouxe alívio nas contas mais básicas da casa. Tive também a ideia de aproveitar as flores que sobravam para criar arranjos menores, que dava para outras vizinhas como modo de chamar atenção. Elas ficavam surpresas, felizes e gratas, e o resultado era sempre uma cliente nova. O que começou de maneira tão ingênua e suave, com o tempo passou a atender coisas maiores, que evoluíram para a decoração de aniversários, batizados e até casamentos inteiros.

Esse foi o meu negócio trampolim, que não resolveu todos os meus problemas, mas foi a oportunidade de começar a ter alguma renda por meio do trabalho que criei para mim, dando o primeiro passo.

Agora quero ajudar você a identificar o seu negócio trampolim. Não se preocupe em tentar fazer algo genial de primeira. Na maioria das

ENTENDA QUE UM PRIMEIRO NEGÓCIO NÃO NECESSARIAMENTE SERÁ O QUE LEVARÁ VOCÊ A ALCANÇAR OS SEUS MAIORES SONHOS, MAS VAI AJUDÁ-LA A RESOLVER ALGUMAS QUESTÕES DO SEU DIA A DIA E LHE DARÁ FÔLEGO PARA O PRÓXIMO NÍVEL.

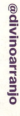

@divinoarranjo

146 Liberdade na alma e dinheiro na conta

vezes, o negócio trampolim é simples, mas cujo produto/serviço as pessoas precisam ou desejam. Portanto, você deve ter em mente o seguinte: **Todo mundo precisa de algo e você tem algo de que alguém precisa.**

Escreva abaixo de uma a três coisas que você faz e que as pessoas sempre elogiam (ou que vivem lhe pedindo para fazer).

1. _____
2. _____
3. _____

Pronto, é isso. Você já tem a sua resposta. Escolha qual dessas atividades que você mais tem prazer em realizar e a transforme em um **negócio trampolim**!

Adicione o seu toque

Escolhida a atividade que você vai desenvolver, é hora de deixar a coisa com o seu jeitinho, cheio do seu toque pessoal. Personalizar, dar um nome ao seu projeto e criar uma maneira de esse negócio se tornar interessante é o que vai diferenciar você de tantas outras pessoas que podem estar fazendo a mesma coisa nesse momento. O seu maior trunfo nessa fase é colocar a sua criatividade para funcionar, pois é ela que vai deixar o seu produto/serviço mais atrativo e com o seu toque. Vou lhe dar alguns exemplos.

No meu caso, eu não compunha apenas arranjos de flores que as clientes poderiam comprar igual em qualquer floricultura, eu fazia algo especial e diferente. Elas não compravam arranjos florais de mim, elas compravam autoamor e autocuidado. Porque quando recebiam o arranjo da semana, eu tinha tomado o cuidado de sempre escolher as cores das flores de que elas gostavam. Também colocava junto uma cartinha carinhosamente escrita à mão, dizendo o quanto mereciam estar sempre rodeada de flores lindas para lembrá-las do quanto eram especiais. Apesar de estarem pagando pelo serviço, o sentimento que tinham era de estar ganhando um presente, o que gerava gratidão e fidelização.

O que eu fiz foi agregar valor ficando atenta a pequenos detalhes como a cor das flores e uma cartinha que trabalhava diretamente

VOCÊ TEM TUDO DE QUE PRECISA 147

com a autoestima de cada cliente. Esse é o tipo de estratégia e gentileza que você também pode criar usando a sua criatividade. Cabe a você buscar, pesquisar e entender as necessidades e os desejos do seu futuro cliente em relação ao que você faz e acrescentar esses pequenos detalhes para ter um grande diferencial.

Outro exemplo: suponhamos que você faça brigadeiros que todos sempre elogiam. Se o seu produto original já é bom, imagine como os seus doces poderiam se tornar irresistíveis com um toque de criatividade. Ele pode ser embalado de formas diferentes, como pequenas bombas, como frutinhas, como flores, como remédio. Pode, ainda, ter uma surpresa dentro, pode ser apresentado como mini presentinhos que a pessoa se dá porque se ama, pode ir com uma frase especial.

Você pode, também, criar versões temáticas, como "Brigadeiro dos Horóscopos", onde cada signo tenha um sabor diferente, trazendo cores e características marcantes daquele tipo de personalidade. Você também pode brincar com slogans que chamem a atenção, despertando a curiosidade, o desejo e a gula, de modo divertido e irreverente. Coisas como:

- ▶ "Se for brigar, troque por um brigadeiro";
- ▶ "Troque a briga por um brigadeiro e seja feliz";
- ▶ "Sexta-feira é o dia oficial do brigadeiro, hoje você merece!";
- ▶ "Tá triste? Come um brigadeiro que passa";
- ▶ "Cada brigadeiro um sorriso";
- ▶ "Brigou? Faça as pazes com um brigadeiro".

Não é porque se trata de um negócio transitório que ele vai ser feito de qualquer jeito. Até porque são esses passos simples que vão preparar você para alcançar o próximo nível. Essa expertise de negócios que hoje você talvez não tenha, começará a ser criada a partir dessa primeira jornada. Assim, fique tranquila, pois errar faz parte do processo, do treinamento. Pois para que você se torne dona de um pequeno negócio de sucesso, é preciso aprender antes, e nada melhor do que aprender por meio de um negócio transitório.

Vamos, então, criar um diferencial para seu negócio trampolim? Escreva a seguir três ideias do que você pode melhorar no seu produto ou serviço que o diferenciará e deixará as pessoas mais felizes, satisfeitas e gratas.

1. _____
2. _____
3. _____

Faça o que tem que ser feito

Falamos sobre objetivos, ressaltando o tamanho do impacto deles para que você tenha motivação e iniciativa nos primeiros passos do seu negócio trampolim. E, neste momento, é preciso que você entenda o seguinte: você terá que fazer algumas coisas ainda que não sejam superprazerosas. Uma frase que me motiva muito quanto a essa questão é: **"Meninas só fazem o que querem, mulheres fazem o que é preciso"**.

Tenho em mente que sou uma mulher com todos os atributos necessários para fazer as coisas darem certo e vou usá-los a meu favor. Essa convicção me motiva a buscar forças para essas fases iniciais dos projetos, que costumam ser as mais desafiadoras. Nesse ponto, as meninas desistem, e as mulheres avançam.

Agora que você já está ciente de que tem em mãos tudo de que precisa para esse pontapé inicial, ponha a mão na massa! Faça o que só você pode fazer! Vai lá e arrasa!

TENHO EM MENTE QUE SOU UMA MULHER COM TODOS OS ATRIBUTOS NECESSÁRIOS PARA FAZER AS COISAS DAREM CERTO E VOU USÁ-LOS A MEU FAVOR. ESSA CONVICÇÃO ME MOTIVA A BUSCAR FORÇAS PARA ESSAS FASES INICIAIS DOS PROJETOS, QUE COSTUMAM SER AS MAIS DESAFIADORAS.

@divinoarranjo

O grande primeiro passo

Chegou a hora de colocar prazos para cada etapa desta jornada. Para isso, é importante montar um cronograma para tirar os projetos do papel. Depois de estabelecer prazos, siga rigorosamente a programação – é isso que vai auxiliar na resolução de problemas financeiros e lhe dar esperanças para seguir em frente. Vamos lá? Pronta para mudar sua história?

Pensando que um negócio transitório não pode levar mais do que um mês entre ser identificado por você e ofertado para os clientes, você deve se programar da seguinte maneira:

1ª semana: descoberta do produto ou serviço, acionando a criatividade para diferenciá-lo e deixá-lo mais atrativo.

Qual é o seu **produto principal**? _____

Quais são os seus **três diferenciais**?

1. _____

2. _____

3. _____

2ª semana: testagem do produto e das suas possíveis variações, ao mesmo tempo em que pensa em temas ou slogans.

Produção teste:

Variação 1: _____

Variação 2: _____

Variação 3: _____

Qual é o tema dessa produção? _____

Crie um slogan: _____

3ª semana: criação da estratégia de vendas e do material para divulgação.

Preço: _____

Locais onde serão oferecidos: _____

Kits: _____

Material de divulgação digital ou físico: _____

Boca a boca: _____

Divulgação pela família ou amigos: _____

4ª semana: oferecendo aos clientes.

Crie uma lista de pessoas conhecidas que devem ser as primeiras a saber que você está começando um pequeno negócio.

1. _____

2. _____

3. _____

4. _____

5. _____

☐ Crie um perfil no Instagram sobre o seu pequeno negócio e poste lá o que você faz de melhor.

☐ Qual é o nome do seu perfil? _____

☐ Escolha uma foto bem atrativa do seu produto ou serviço. Lembre-se: é o seu cartão de visita.

☐ Qual é a descrição que está na biografia? _____
_____

☐ Não se esqueça de criar um link para direcionar as pessoas para o seu WhatsApp e disponibilizá-lo no seu perfil para que as pessoas possam entrar em contato de maneira rápida.

☐ Divulgue esse perfil entre amigos, parentes e nos grupos e comunidades de que você faz parte.

☐ Peça para todos os seus conhecidos divulgarem nas suas redes sociais e, também, colocarem em grupos de que façam parte.

☐ Ofereça seus produtos em lugares como:

- Grupos de WhatsApp da família, das mães da escola, amigas e condomínio (esses são os que trazem resultado mais rápido).
- Grupos de Facebook do seu bairro, da sua cidade ou da sua região (comunidades do tipo em outras redes sociais também servem).

Crie o hábito de entrar em todas essas redes sociais com frequência para postar suas novidades e oportunidades. Comece agora mesmo!

CAPÍTULO 10

comecei, e agora?

> Mas esforçai-vos, e não desfaleçam as vossas mãos;
> porque a vossa obra tem uma recompensa.

2 CRÔNICAS 15:7

A credito que você deva estar com aquela sensação de já ter feito tudo o que podia para a reconstrução da sua vida, não é mesmo? Que deu o seu melhor, caminhou bastante e deu grandes saltos em direção à construção de uma nova fase da sua história. Essa percepção geralmente é acompanhada por diferentes sentimentos e saber analisá-los é fundamental para continuar a sua jornada de modo saudável e positivo.

Então, depois de ter entendido que precisava pensar em si mesma, de tomar a decisão de ser a prioridade da sua própria vida, de aprender a otimizar os cuidados com a casa para sobrar tempo para cuidar de si mesma, de ter buscado novas experiências prazerosas e ter experimentado coisas novas em busca da criatividade e de fazer o que tinha que ser feito para levantar recursos para iniciar o seu próprio negócio, qual destes dois sentimentos está batendo forte no seu coração agora: gratidão ou frustração?

Estou tão feliz e empolgada com tudo o que eu aprendi e coloquei em prática ao longo desta leitura. Não imaginei que isso seria possível e que eu realmente fosse capaz de promover mudanças tão importantes na minha vida, mas aqui estou eu. Agora é rumo aos resultados! É essa gratidão que você está sentindo?

Ou se sente frustrada? *Puxa, fiz tanta coisa, mas não vejo grandes resultados. Cadê as vendas? Cadê a independência? Cadê as pessoas me admirando e aplaudindo?*

Se neste ponto do livro você está em estado de gratidão, aproveite, realmente foi uma jornada e tanto! Mas se está com uma ponta de frustração, é bom saber como lidar com esse sentimento antes que ele a domine a ponto de voltar a acreditar que isso tudo não é para você. Para isso, é importante que entenda que ninguém é grato e feliz o tempo todo. Na verdade, todos os dias passamos por desafios que despertam, em um primeiro momento, uma sensação de desânimo e, depois, pensamentos de desistência, medo, cansaço e frustração.

Algumas frases bem características de quando passamos por esse tipo de estado costumam ser: "Eu faço um trabalho tão lindo, mas ninguém compra"; "Investi tanto nessa formação e agora não tenho resultado"; ou ainda: "Comprei material, criei marca e fiz tudo o que aprendi. Vendi bem no início, mas agora empaquei. Não sei o que fazer". Isso já aconteceu com você? Se sim, vale a pena prestar atenção no papo que vamos ter a seguir.

Não se engane, adversidades vão surgir

Vamos começar mudando nosso foco. Em vez de pensar sob a ótica do desânimo, vamos fazer o contrário e nos concentrar em animar. Essa palavra vem do latim e, em sua origem, significa "dar vida" a alguma coisa.[70] Quando você sonhou e planejou o seu negócio, estava animada, empolgada, afinal, estava dando vida a um projeto. Passou pelas várias fases de desenvolvimento com entusiasmo, criou expectativas e começou a se preparar para, enfim, sair do lugar.

No entanto, se engana quem pensa que somente ter uma boa ideia, estar empolgada, ter força de vontade e fé são suficientes para definir o seu futuro. É óbvio que sem tudo isso nem começamos, mas precisamos agir com constância para tirar os planos do papel, já que essa é apenas a primeira de várias etapas que devem se seguir até de fato ter o seu negócio deslanchando. E é nesse momento de colocar em prática o que planejamos que as adversidades começam a se apresentar.

---

70 ANIMAR. *In*: MICHAELIS: Dicionário Brasileiro da Língua Portuguesa. São Paulo: Melhoramentos, 2023. Disponível em: https://michaelis.uol.com.br/busca?id=D2nD. Acesso em: 16 abr. 2023.

COMECEI, E AGORA?

É impossível prever todas as situações pelas quais vamos passar. Alguns desafios e problemas só se apresentam quando o negócio está acontecendo de verdade. O planejamento pode e deve ser feito de forma bastante minuciosa, mas ele não prevê todas as variáveis. É no desempenho das funções do dia a dia que vamos nos tornando especialistas nos assuntos relacionados ao setor em que decidimos atuar.

Dominar o próprio negócio significa ser mestre em driblar problemas e superar desafios que vão, incessantemente, tentar desanimar você. Vitoriosas são as pessoas que transformam o problema em solução, que enxergam oportunidades nas dificuldades, que não remam contra, mas a favor da correnteza, e que desenvolvem a habilidade de se adaptar para atender às necessidades do mercado em que atuam.

É o modo como cada pessoa lida com as adversidades da vida e do empreendedorismo que vai determinar quem vai ter sucesso e quem vai fracassar por desistência.

Nesse contexto, se animar é dar vida, desanimar é retirar a vida – tirar a alma, o coração e o desejo de algo.

Sempre que esmorecemos, estamos olhando mais para as adversidades do que para os sonhos ou projetos, o que nos leva aos sentimentos de fraqueza e apatia. Geralmente desanimamos quando entramos em contato com o mundo real e só enxergamos as dificuldades, mas não deveria ser assim. É nessa realidade que somos forjadas e preparadas para vencer em um mundo onde a maioria desiste por falta de conhecimento e esperança em dias melhores.

Não devemos nos prender ao mundo da ilusão, acreditando que as adversidades não existirão. Não faça isso, não se engane, algumas coisas vão, sim, dar errado e nos abalar. Tenha sempre isso em mente, e o primeiro tombo não vai conseguir parar você.

Entenda: não existe atalho ou caminho fácil para lidar com os desafios da vida e do empreendedorismo, mas ao encarar as dificuldades com coragem e aceitando os desafios como oportunidades de aprendizado e crescimento, os problemas passam a parecer cada vez menores. Assim, o que resta é **fazer até dar certo e não fazer para dar certo.**

A maioria das pessoas tem dificuldade em lidar com a parte prática do negócio porque não se prepara para passar pelas três fases da construção de um projeto. Muitas costumam focar apenas no começo e no fim, negligenciando o meio – que é quando a mágica realmente acontece. O **começo** é aquele momento marcado pela euforia e pelo entusiasmo, no qual os sonhos e desejos afloram com muita força, agindo como combustível para fazermos pesquisas (grande parte somente sobre os pontos positivos do negócio) para tirarmos o projeto da cabeça e pô-lo no papel. Também conseguimos visualizar com clareza o **fim** dessa jornada, quando nós enxergamos de modo tão real os momentos futuros, quando já estamos colhendo os frutos dessa incrível trajetória de conquistas, prazer e recompensas.

No entanto, o que existe entre o início esperançoso e o fim mágico? É nessa zona cinzenta, que separa o sonho da conquista, que a maioria se perde e deixa o sonho morrer. Precisamos aprender a lidar com esse **meio** sem nos perdermos, pois é nele que vamos passar a maior parte da nossa jornada empreendedora.

Essa zona também é conhecida como bastidores ou coxia, por ser o local onde estamos invisíveis, choramos e ninguém vê, onde não existem aplausos nem magia. É no meio que ficam o trabalho, a ralação, o acordar cedo e dormir tarde, o acreditar pela fé. É sobretudo o berço de toda a nossa criatividade, onde surgem as mais incríveis ideias porque já estamos com a mão na massa. É lá que criamos, inovamos e crescemos como pessoas e empresárias.

Não se iluda: **trabalho dá trabalho** e não existe outra maneira de manter-se animada que não seja buscar amar o processo, amar o meio, amar o trabalho e todos os seus desafios.

A vida não acontece de sucesso em sucesso, pelo contrário. O sucesso nada mais é do que uma escada longa com vários degraus de fracassos superados. Cada desafio que decidimos enfrentar é um degrau para cima e cada desafio de que decidimos desistir é um degrau para baixo na escada da vida.

Tenha em mente que ninguém está livre de desanimar, mas as grandes mulheres – as vencedoras – aprendem a identificar rapidamente esses ataques de desânimo e utilizam estratégias bem

COMECEI, E AGORA?

157

definidas para superá-los. Assim, conseguem tirar proveito da situação, o que as deixa cada vez mais sábias, fortes e preparadas.

Hoje você tem, mais uma vez, a chance de se colocar nesse lugar de decisão, escolhendo encarar os desafios que neste momento a assustam e desanimam. E vou ajudar nisso mostrando como lidar com alguns dos principais motivos de desânimo, também chamados de **sabotadores**.

- **Situação:** A solitária.
  Sente que não tem apoio das pessoas mais importantes da sua vida, o que a deixa muito chateada e com vontade de desistir de tudo.
  Diagnóstico: Falta de amor-próprio.
  Tratamento: O sonho é seu e não da sua família, então pare de se vitimizar e faça o que só você pode fazer pelo seu projeto. Se está tão carente assim de atenção, provavelmente não está se dando o valor que merece. Volte a praticar o autocuidado, o amor-próprio e se ponha em primeiro lugar. Entenda que se você não fizer isso, ninguém o fará. E fica o alerta: quando estiver no topo, vai chover apoio, mas, até chegar lá, lembre-se de que o sonho é só seu e que, portanto, o maior apoio deve vir de você mesma.

- **Situação:** A sobrecarregada.
  Sente-se sobrecarregada com tantos afazeres e isso a deixa muito cansada e frustrada.
  Diagnóstico: Falta de prioridade e organização.
  Tratamento: O primeiro ponto é que se você não está tendo tempo para fazer o seu projeto avançar é porque ele ainda não é prioridade na sua vida, e isso é fundamental para que seus sonhos se desenvolvam. O segundo ponto é que o dia tem vinte e quatro horas, se organize dentro do que for possível na sua realidade. Não dá para fazer tudo, então entenda o que precisa sair da equação. Deixe de lado o perfeccionismo porque não tem como ser excelente em tudo. Corte as tarefas desnecessárias, simplifique outras e delegue algumas, é a maneira mais eficaz e inteligente de ter mais tempo para se envolver com seu projeto.

158   **Liberdade na alma e dinheiro na conta**

- **Situação:** A injustiçada.
  Sente-se triste e injustiçada por não estar participando dos momentos especiais de familiares e amigos por precisar, naquele momento, estar focada no seu projeto.
  Diagnóstico: Vitimismo.
  Tratamento: Lembre-se de qual é a sua prioridade e de que você está no meio, no processo de construção de algo maior. Lá na frente terá o resultado que ninguém tem porque decidiu fazer o que ninguém faz.

- **Situação:** A distraída.
  Sente-se desmotivada porque não consegue ser produtiva, parecendo que está andando em círculos. Faz muito e não sai do lugar, o que dispara pensamentos de desistência por não se sentir capaz.
  Diagnóstico: Falta de foco e concentração.
  Tratamento: Se tudo lhe tira o foco e a concentração é porque a sua cabeça deve estar muito cheia de informações. Provavelmente você tem emprestado seus olhos e ouvidos a coisas demais – e algumas podem não ser boas ou realmente importantes, o que gera sobrecarga mental e emocional. Um arquivo mental cheio, poluído e bagunçado dificulta muito na hora de ser produtiva e de resolver problemas. Então, vamos esvaziar primeiro para depois organizar e produzir. Pare tudo, identifique o que você tem ouvido, visto e falado para filtrar a qualidade das informações que estão entrando na sua mente. Corte o consumo de lixo tóxico ou pessoas tóxicas, se desligue do que não está agregando valor e descanse alguns dias. Isso vai liberar espaço mental e deixar você pronta e produtiva novamente.

- **Situação:** A perseguida.
  Sente-se triste porque sofre perseguição das pessoas que deveriam apoiá-la.
  Diagnóstico: Falta de confiança.
  Tratamento: Entenda que cada pessoa pensa, sente e tem sonhos diferentes. O que é importante para uma, não necessariamente é

NÃO SE ILUDA:
TRABALHO DÁ TRABALHO
E NÃO EXISTE OUTRA
MANEIRA DE MANTER-SE
ANIMADA QUE NÃO
SEJA BUSCAR
AMAR O PROCESSO,
AMAR O MEIO, AMAR
O TRABALHO E TODOS
OS SEUS DESAFIOS.

@divinoarranjo

para a outra — mesmo que morem na mesma casa e tenham uma vida familiar em comum. Se posicione a respeito dos seus sonhos e projetos e aja com firmeza para conquistá-los, estabelecendo o seu espaço sem negligenciar os fundamentos básicos do convívio para combater qualquer nível de perseguição. Fuja de discussões tóxicas e não morda a isca de querer se defender. O perseguidor usa ofensas para tentar distrair, ferir e fazer você desistir para continuar a ter domínio sobre você. Não alimente isso e continue a sua jornada.

- **Situação:** A superficial.
Não consegue entrar de cabeça no negócio e, por isso, caminha a passos de tartaruga, ficando desanimada e querendo desistir.
Diagnóstico: Medo.
Tratamento: Todo mundo tem medo de seu projeto não dar certo, você não está sozinha nessa. Mas pare e pense: o que você vai ganhar fazendo as coisas de qualquer jeito, sem aprofundar? Pior do que não dar certo é nunca ter tido a coragem de fazer o que só você poderia fazer para ter os resultados que sonha e merece. Você vai viver do resultado das suas decisões, então não tenha medo de errar, tenha medo é de não viver.

- **Situação:** A enrolada.
Você se prepara para ter um dia produtivo e desenrolar partes importantes do seu negócio. No entanto, decide lavar uma loucinha, tomar mais um cafezinho, ir rapidinho no açougue, ligar para a prima que você não vê há dez anos, fazer você mesma as unhas do pé e bater um bolinho rápido para o café da tarde. Nisso descobre pelo grupo da família que tem fofoca nova e, quando percebe, o dia passou mais uma vez e você ficou frustrada e sem entender por que, novamente, não teve tempo de colocar o seu projeto em prática.
Diagnóstico: Procrastinação.
Tratamento: Reflita e entenda se o seu projeto é de fato a sua prioridade ou se não passa de uma distração agradável que gera uma renda extra de vez em quando. Se for uma prioridade, então

COMECEI, E AGORA?   161

se posicione em relação aos seus horários. Seja rígida para cumprir afazeres e dê o principal passo para quebrar esse ciclo de procrastinação.

- **Situação:** A outra.
  Está chateada, pensativa e se questionando se isso é realmente para você, porque chegou à conclusão de que quase não avançou ou vendeu pouco depois que viu o sucesso de alguém maior que você.
  Diagnóstico: Comparação.
  Tratamento: Não compare os seus bastidores com o palco de ninguém. É muito fácil ficar frustrada comparando o crescimento de alguém maior com você, que começou agora. O resultado de outras pessoas tem, por trás das cortinas, história, tempo, investimento e prioridades diferentes da sua. Então, não faça isso com você. Em vez de se comparar, busque observar o que levou a pessoa a ter esses resultados e se inspire para continuar a sua jornada.

- **Situação:** A certinha.
  Sente-se egoísta e isso a faz questionar se está certo o que está fazendo. As mães com quem você convive têm todo o tempo para cuidar dos filhos com amor, e algumas até criticam você. Ouvir "a minha prioridade é os meus filhos" sempre a deixa mal e em dúvida se está fazendo a coisa certa.
  Diagnóstico: Culpa.
  Tratamento: É óbvio que crianças pequenas requerem mais atenção. Mas essa dependência vai diminuindo com o tempo até que eles voam do ninho, afinal é para isso mesmo que criamos os filhos, para crescerem fortes, independentes e trilharem os próprios caminhos. Optar por paralisar a sua vida e os seus sonhos pessoais de modo absoluto para viver a vida deles é selar a possibilidade de você ter um futuro saudável e independente. Não se torne uma pessoa dependente do afeto e dos recursos de ninguém. Não se permita adoecer por se sentir vítima da ingratidão dos filhos, que agora vivem a própria vida e constroem a própria história. Entenda que ter sonhos e projetos pessoais não significa largar os

filhos, mas ter vida além deles – o que é uma poderosa arma para não ser engolida pela síndrome do ninho vazio, que já discutimos anteriormente.

- **Situação:** A humilde.
  Está desiludida porque lhe faltam recursos financeiros para fazer algo que considera importante para o seu negócio.
  Diagnóstico: Falta de criatividade.
  Tratamento: É óbvio que com dinheiro tudo fica mais fácil, mas quem disse que as grandes sacadas de um negócio se resolvem com dinheiro? Pelo contrário, é a falta dele que faz com que as pessoas se dediquem a criar soluções incríveis que substituem com criatividade e excelência o que antes só o dinheiro pagaria. A maioria das grandes ideias surgiu no mundo pela falta de recursos financeiros. Então, em vez de ficar paralisada e choramingando porque lhe falta dinheiro, dê espaço para sua criatividade e crie um plano provisório para levantar esses recursos. Afinal, pensar não custa nada. **Crie uma alternativa que substitua o que você não tem pelo que só você tem.**

Depois de colocar todos esses exemplos em prática, nada nem ninguém vai parar você! Agora você já sabe o que fazer para dar um basta em cada uma dessas situações sabotadoras e voltar para a frente da batalha, porque o seu sucesso a aguarda logo ali, no degrau de cima. E, para fechar este capítulo com excelência, apresento um desafio em duas partes!

Parte 1

Escolha três pessoas que você admira e vê como referência para o seu trabalho. Pense em quem a inspira e que lhe ensina algo por meio de trabalhos ou resultados. Coloque o nome delas abaixo e passe a acompanhá-las com o objetivo de observar o que fazem de positivo e que você poderia usar como inspiração para agregar valor ao seu negócio.

1. _____
2. _____
3. _____

Parte 2

Faça um check-up comportamental para identificar o que possivelmente a estava afligindo, desanimando ou gerando vontade de desistir. Toda vez que perceber que a sua energia está sendo drenada por algum pensamento ou sentimento de frustração, volte aqui e faça essa mesma análise para não entrar em um círculo vicioso de autodestruição. Deixe os registros a seguir para consultar sempre que necessário.

Data: _____
O que tem afligido você? _____
Qual é o diagnóstico? _____
Qual é o tratamento? _____

Data: _____
O que tem afligido você? _____
Qual é o diagnóstico? _____
Qual é o tratamento? _____

Data: _____
O que tem afligido você? _____
Qual é o diagnóstico? _____
Qual é o tratamento? _____

Aquele, pois, que cuida estar em pé, olhe não caia.

1 CORÍNTIOS 10:12

Neste ponto da trajetória de desenvolvimento você já sabe quem você é, o que quer e para onde vai — e isso já é motivo suficiente para comemorar, se sentir importante e poderosa. Afinal, você está saindo na frente da maioria das pessoas que sequer tem consciência da quantidade de oportunidades que a vida reserva — muitas, aliás, nem sabem qual rumo tomar.

O que você tem em mãos neste momento é puro ouro. Você tem conhecimento sobre todo o seu potencial, sabe como alimentar a sua autoestima e entende que se capacitar para fazer o que só você pode fazer é o que vai levá-la ainda mais alto. Você tem uma bagagem que vai permitir se sentir cada vez mais criativa, orgulhosa, segura de si e poderosa!

Então, quando seus resultados mostrarem o quanto você evoluiu, é esperado que você se torne alvo de admiração e elogios; será citada como referência de determinação, capacidade, inteligência, força e garra pelas mesmas pessoas que antes não acreditavam em você e não a apoiavam. Esse momento é extraordinário, pois somos tomadas por uma sensação incrível de verdadeiro empoderamento, afinal, **contra resultados não há argumentos**.

Essa é uma fase maravilhosa, é o auge da recompensa emocional depois de todo aquele trabalho duro que acontecia apenas nos bastidores e ninguém viu. Sentir esse mix de emoções é, sem dúvida, a fase do poder, do deleite e do prazer. E nada mais merecido do que viver intensamente esse momento!

166   **Liberdade na alma e dinheiro na conta**

No entanto, esse momento também esconde algumas armadilhas que, se não forem identificadas logo, podem nos distrair e afastar do verdadeiro propósito do nosso trabalho, resultando em uma queda difícil de nos recuperarmos. Vou explicar melhor.

Já viu alguém que anda de cabeça erguida, peito estufado, desfilando na ponta dos pés ou, literalmente, no salto? Que cala a boca dos agoureiros de plantão com seus resultados – que falam mais alto do que qualquer palavra ou argumentação – e chama a atenção por causa do brilho próprio? Geralmente por onde passa sempre tem alguém que solta um "lá vem a metida"?!

Esse costuma ser o efeito provocado por quem decide trabalhar a sua melhor versão, se desenvolver, lapidar habilidades, buscar conhecimento e ser dona do próprio destino, administrando um negócio de sucesso, mesmo que pequeno. É impossível ignorar alguém assim, que provoca admiração e que, consequentemente, também desperta inveja.

Mas esse recorte da vida não representa o todo, não é algo permanente e muito menos deve ser o motivo principal para alguém decidir empreender. Essa é apenas uma pequena parte, um deleite esporádico em que não devemos querer fazer morada. Trabalhar somente em busca desse sentimento pode perverter o nosso verdadeiro propósito.

Tenha sempre seu objetivo em mente

E qual era mesmo o seu propósito? Vamos relembrar o real motivo que levou você a querer trilhar essa jornada?

Você queria independência emocional, ou seja, buscava o amor-próprio e a autoestima perdidos e tentava tornar-se autossuficiente para que não mais tivesse que implorar por migalhas de atenção de ninguém. Você queria autonomia, ou seja, o poder de fazer as próprias escolhas, sem que precisasse pedir, explicar, se justificar ou até se humilhar para conseguir algo. Você desejava independência financeira, que significa ter o poder de comprar o que, como, quando e para quem quiser sem a inconveniência de ter que esperar pela boa vontade de alguém.

Agora que já se lembrou dos seus reais objetivos, precisa entender que aplausos e holofotes fazem parte do resultado, mas não se

AGORA NINGUÉM SEGURA VOCÊ!

sustentam por muito tempo nem geram novos frutos. Por isso, viver por eles é acabar dando abrigo para a distração e o perigo da queda. Muitas pessoas não se atentam a isso e, assim, acabam ficando arrogantes, se sentindo superiores, o que faz com que descuidem da sua rotina de crescimento.

Devemos ter a consciência de que, com reconhecimento, aplauso e notoriedade, devemos cultivar a gratidão – por termos sido apresentadas a essa jornada transformadora – e a humildade, para entender que não caminhamos sozinhas e que o trabalho continua.

Uma comparação que acho muito simbólica é a de que para colher frutos é preciso, primeiro, preparar a terra. Começamos removendo todo tipo de erva daninha, adubando, escolhendo as melhores sementes e as quantidades a serem plantadas. Depois abrimos as valas e plantamos. Começa, então, a fase de cuidados diários, como regar e proteger a muda dos insetos e do clima, para que as árvores cresçam plenas e saudáveis. Quando, finalmente, chega a colheita, celebramos para comemorar os resultados. Isso é incrível, o ápice, o reconhecimento público e o momento de ser recompensado por um grande trabalho.

O momento dos aplausos é legítimo e merecido. No entanto, imagine só se o dono desse plantio quisesse estender a comemoração por se sentir muito merecedor e autossuficiente e não se preparasse para a nova safra, acreditando que agora as coisas caminhariam sozinhas. Afinal, ele fez um trabalho tão bom que não precisaria mais de tanta ajuda ou dedicação, pois o que ele quer mesmo é continuar ali sendo aplaudido.

Será que com essa postura ele vai ter uma próxima colheita de sucesso? Lógico que não. O trabalho para o crescimento deve ser constante, enquanto os aplausos são apenas esporádicos. Assim é, também, na vida. Até porque, se fosse só festas todo dia, perderia a graça.

Não se deixe contaminar com a ideia de que você é tão magnífica que as coisas vão simplesmente acontecer. Para as coisas continuarem, de fato, acontecendo, é preciso ser humilde e continuar na sua jornada, com sabedoria e sem distrações que a desviem do seu foco. E há quatro pensamentos e atitudes que, se os adotar, ajudarão nisso. Vamos falar sobre eles a seguir.

1º Eu não sou blindada

Por mais que você já domine as suas emoções por meio de autoconhecimento, autocuidado, autoamor e autoestima, acreditar que é imune a golpes emocionais e que nada nem ninguém vai abalar sua confiança e suas convicções pode ser o início de um tombo feio. Somos seres emocionais, e controlar nossas emoções é muito importante, mas isso não nos impede de, às vezes, nos envolvermos com pessoas e assuntos que podem nos fazer mal. Afinal, nem sempre conseguimos ver além das palavras de alguém que parece cheio de boas intenções nem enxergar as armadilhas do caminho.

Desse modo, quando alguém quebrar a sua confiança, lembre-se de que você está lidando com pessoas comuns e passíveis de falhas, aceite que isso pode acontecer e não tenha medo das frustrações, porque isso não será o fim. Ficar frustrada com alguém faz parte do jogo da vida e são esses golpes que nos fazem aprender, melhorar e nos preparar para a próxima partida.

Nesses momentos, está tudo bem descansar um dia. Até chorar, se quiser. Mas no dia seguinte faça uma reflexão e veja quais foram os sinais que você deixou passar despercebidos. Se perdoe e libere logo essa pessoa do seu coração e de qualquer vínculo – seja profissional ou pessoal – que tenha com você.

Aprenda com essa dolorosa lição, fique atenta para nunca mais cair no mesmo erro e, o mais importante: siga em frente. Você pode não ser blindada, mas é inteligente, então use isso a seu favor sempre que algo assim acontecer.

> *"[...] o Senhor não vê como vê o homem, pois o homem vê o que está diante dos olhos, porém o Senhor olha para o coração."*
>
> 1 Samuel 16:7

2º Eu não sei tudo

Depois de descobrir os seus talentos, desenvolver e lapidar as suas habilidades, é comum achar que já está em um patamar bom, que já sabe bastante ou o suficiente para continuar prosperando e que o momento de estabilidade chegou. Essa é uma armadilha silenciosa,

VOCÊ TEM CONHECIMENTO SOBRE TODO O SEU POTENCIAL, SABE COMO ALIMENTAR A SUA AUTOESTIMA E ENTENDE QUE SE CAPACITAR PARA FAZER O QUE SÓ VOCÊ PODE FAZER É O QUE VAI LEVÁ-LA AINDA MAIS ALTO. VOCÊ TEM UMA BAGAGEM QUE VAI PERMITIR SE SENTIR CADA VEZ MAIS CRIATIVA, ORGULHOSA, SEGURA DE SI E PODEROSA!

@divinoarranjo

que vai minando os seus resultados aos poucos, sem que perceba. Até que um belo dia você nota que está tudo parado e não entende o que aconteceu. Você continua fazendo tudo do mesmo jeitinho que dava tão certo quando começou, o que será que aconteceu?

Esse tipo de situação acontece com frequência e costuma causar grande frustração e vontade de desistir. Porque tendemos a pensar que se acertamos a mão uma vez, basta continuar fazendo tudo igual que vai dar certo até o fim. Porém, não é assim que as coisas funcionam nos negócios – nem na vida. O mundo está em constante movimento, levando as pessoas, as necessidades e as oportunidades a mudarem constantemente.

O que hoje é bom, amanhã pode estar obsoleto ou simplesmente não ser a melhor opção. E você segue fazendo tudo igualzinho enquanto a vida acontece lá fora, com novas ideias, descobertas e maneiras diferentes de se fazer o seu trabalho. Assim, ficar centrada apenas na sua descoberta ou fechada na sua verdade é um modo bem eficaz de sufocar o seu negócio aos poucos.

Para fugir dessa armadilha mortal é preciso permanecer em constante aprendizado. Assim, sempre priorize atualizar seus conhecimentos sobre o seu mercado, conhecer o desejo e as necessidades dos seus clientes e as novidades do mundo. Sabe aquelas dicas para aumentar a criatividade e abastecer o seu arquivo mental, das quais falamos no capítulo 8? Elas também valem aqui para que você continue em constante evolução e entenda que ninguém sabe tudo.

Como bem dizia o grande filósofo Sócrates: "Só sei que nada sei e o fato de saber isso, me coloca em vantagem sobre aqueles que acham que sabem alguma coisa".[71]

3º Eu não devo caminhar sozinha

A emoção de conquistar a liberdade de escolher, poder ir e vir sem pedir licença e tomar as próprias decisões é indescritível. Você já percebeu a importância da sua autonomia quando resgatou sua autoestima e

---

71 SÓCRATES: "Só sei que nada sei". **Superinteressante**, 31 jul. 2019. Disponível em: https://super.abril.com.br/ideias/so-sei-que-nada-sei-socrates/. Acesso em: 16 abr. 2023.

AGORA NINGUÉM SEGURA VOCÊ! **171**

começou a experimentar a liberdade de expressão por meio dessa jornada, mas, para continuar caminhando de maneira firme e segura, é fundamental ter alguém para inspirar, direcionar, ensinar e ajudar você.

Caminhar sozinha é tão perigoso que até mesmo a Bíblia ensina isso na parábola do **Bom Samaritano** escrita em Lucas 10:30-37. Essa passagem conta a história de um homem de negócios que caminhava tranquilamente por uma estrada afastada e deserta quando foi atacado por ladrões que, além de levarem tudo o que ele tinha, feriram-no gravemente, abandonando-o para morrer. Logo em seguida, dois conhecidos passam por ele, mas decidem não ajudar, mudando até de caminho. Um tempo depois, passa pela estrada um desconhecido. Familiarizado com a região e de bom coração, resgatou o homem e cuidou dele até que se curasse, mudando, assim, a sua sorte.

O que essa história tem a nos ensinar? Que, muitas vezes, por nos sentirmos confiantes demais, acabamos decidindo andar sozinhas, tomar atalhos e até nos arriscar por caminhos desconhecidos, e é nesse momento que ficamos mais vulneráveis no percurso emocional. Sujeitas a assaltos e emboscadas mentais que prejudicam os resultados do nosso negócio, nos colocamos em ciladas por falta de experiência.

Nesse sentido, caminhar sozinha pode ser perigoso porque é na solidão que pensamentos sabotadores, dúvidas e achismos atacam com força a nossa mente. Já ao escolhermos caminhar junto de um mentor ou guia, ou seja, de uma pessoa experiente que já desbravou essa mesma estrada que estamos trilhando, nos permitimos seguir alguém que possa nos mostrar o caminho, apontando os pontos de perigo e nos aconselhando, o que é fundamental para não sofrermos esses assaltos, que podem ser mortais.

4º Eu não deixo de acreditar

É muito fácil acreditar quando tudo está dando certo. É como se, ao conquistarmos um objetivo importante, uma amnésia repentina se apoderasse de nós, fazendo com que todos os sofrimentos, dificuldades e dúvidas repentinamente fossem esquecidos, nos deixando entorpecidas pelo prazer de uma vitória. No entanto, vencer uma batalha não é vencer a guerra. A volta ao campo de batalha para encarar os próximos

172 Liberdade na alma e dinheiro na conta

desafios pode ser um choque para quem está se achando invencível e esqueceu que é preciso voltar ao treinamento antes do próximo desafio.

Dessa maneira, saber lidar com os desafios do passado é louvável, mas estar desperta e disposta para voltar ao treinamento e continuar avançando é fundamental. Por isso manter a fé é uma arma poderosa para não querer desistir quando o próximo desafio bater forte e você balançar (ou até cair) porque achou que já era suficientemente sólida. Por isso mesmo, nunca esqueça:

- ▶ **Mantenha a fé em você:** acredite que é capaz, que não passa de uma questão de tempo, estratégia e treinamento para que chegue lá;
- ▶ **Mantenha a fé no seu sonho:** acredite em toda essa jornada, nos treinos e desafios para chegar até onde moram o seu sonho e suas conquistas e onde o seu pequeno negócio vai lhe dar asas. Além de mudar toda a sua vida, mudará a de muitas outras pessoas;
- ▶ **Mantenha a fé no alto:** existe alguém além de nós que rege este mundo com mãos fortes. Creia no seu Deus, busque força nos Seus ensinamentos, bálsamo para as suas feridas, água para a sua sede, pão para a sua fome, respostas para as suas incertezas. Lembre-se de que existe um propósito para tudo isso, e que ele é bom sempre.

"Ora, a fé é o firme fundamento das coisas que se esperam, e a prova das coisas que se não veem."

Hebreus 11:1

Chegar até aqui foi trabalhoso, não foi? Mas não é o fim da sua trajetória de desenvolvimento e sucesso, há muito crescimento ainda a ser conquistado, desafios a serem enfrentados rumo a lugares cada vez mais altos. E isso requer atenção e cuidados redobrados. Comemore as suas vitórias, afinal, você merece, mas se fortaleça de modo que não seja seduzida pelos aplausos nem cegada pelos holofotes. O desafio a seguir é justamente esse.

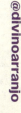

A EMOÇÃO DE
CONQUISTAR A LIBERDADE
DE ESCOLHER, PODER
IR E VIR SEM PEDIR
LICENÇA E TOMAR AS
PRÓPRIAS DECISÕES
É INDESCRITÍVEL.

@divinoarranjo

desafio

Para que a sua jornada seja crescente e você nunca esteja sozinha – sempre acompanhada de boas influências –, complete os espaços a seguir com o nome de pessoas que considera importantes referências na sua vida (podem ser pessoas famosas ou apenas seus conhecidos, o que importa é o exemplo que trazem para você).

Escolha um mestre para seguir os ensinamentos, expandindo o seu conhecimento e não mais caminhando sozinha.

Eu escolho _____
como meu mestre porque ele(a) já trilhou essa jornada e sabe todos os segredos do caminho para o meu sucesso. Sei que o seu conhecimento vai acelerar a minha jornada e me impedir de me machucar e, até mesmo, me incentivar a não desistir.

Escreva uma frase que, quando ouve, automaticamente se lembra dessa pessoa e dos seus ensinamentos.

_____
_____
_____
_____

Escolha uma pessoa que seja referência no nicho em que você quer empreender.

Eu escolho _____
como referência de sucesso e resultado no nicho de _____
_____ porque o meu desejo é tê-la como bom exemplo.

Escreva uma frase que, quando ouve, automaticamente se lembra dessa pessoa e dos seus ensinamentos.

_____
_____
_____
_____

Escolha uma pessoa para seguir que seja referência em desenvolvimento humano e mentalidade.

Eu escolho _____
como referência de mentalidade e ética porque seus ensinamentos conversam com os meus princípios e a minha verdade e quero sempre estar em crescimento.

Escreva uma frase que, quando ouve, automaticamente se lembra dessa pessoa e dos seus ensinamentos.

_____
_____
_____
_____

Agora escreva uma frase que represente quem é você, o que você quer e para onde você vai.

_____
_____
_____

Descreva três motivos que justifiquem lutar pelos seus sonhos.

1. _____
2. _____
3. _____

Escreva uma frase que lembre você de que o universo conspira a seu favor, basta crer.

_____
_____
_____
_____
_____
_____
_____

CAPÍTULO 12

mova-se

Disto me recordarei na minha mente; por isso esperarei.

LAMENTAÇÕES 3:21

Chegar a este ponto do livro tendo decidido mudar de atitude e investir na sua vida sem medo do que vão pensar é praticamente um ato heroico. A maioria das mulheres nem imagina ser capaz de viver tal realidade – a não ser por meio de filmes ou séries –, mas o seu caso é diferente, você é a protagonista da sua história e tem um final feliz.

Ao absorver os conteúdos e realizar os desafios ao longo dos capítulos, você ativou todo o seu potencial e teve a sua visão ampliada, o que permitiu que conseguisse enxergar o futuro que deseja viver. Não há mais como "desver", é uma transformação na percepção. Você enxergou novos caminhos, se redescobriu e sabe como se tornar independente por meio das suas habilidades, do seu negócio e do seu dinheiro. Ninguém mais tira essa visão de você. Não há outro caminho senão para o alto.

Na sua realidade de hoje, o que você precisa agora é manter seus olhos fixos em como deseja estar daqui a alguns anos. Agindo assim, o seu coração seguirá a direção certa, e você nunca mais se perderá na escuridão da ignorância. Mas atenção: para manter-se ligada ao futuro, é preciso se movimentar.

Movimente-se!

Estar em movimento significa estar desperta, atenta a todas as oportunidades de melhoria como mulher e empreendedora. O movimento atrai pessoas que buscam respostas, porque movimento é vida. Assim, quero incentivar você a mover-se o tempo todo, para todos os lados e em vários sentidos.

Já viu uma poça de água parada? Ela acumula sujeira, se torna malcheirosa, abriga larvas, dá vida a insetos e, com o tempo, seca. Já parou para observar um rio? Ele está sempre em movimento. Começa como um tímido e pequeno olho d'água, vai tomando velocidade e ganhando volume, se tornando um curso forte e poderoso que corre em direção ao seu objetivo: o mar. Por onde o rio passa, ele deixa um rastro de vida e esperança, sendo fonte de alívio, alimento e riqueza. Ao longo do caminho que ele percorre, serve a muitas pessoas que dele tiram o sustento e que dele dependem para chegar aos seus destinos.

Assim é a vida da mulher que decide ser independente emocional e financeiramente. Tudo começa com um pequeno e tímido sonho, mas depois de iniciada a jornada, o empenho e a força de crescer a tornam forte, rápida e cada vez maior. Por onde ela passa, deixa um rastro de vida com o que pensa, fala e faz. O seu trabalho serve de solução para muitas outras pessoas.

Manter-se em movimento constante é também sinalizar para o universo que você está ali e faz parte de algo maior. Você faz a diferença, sua vida vale muito, você é importante, é divina e, por onde passa, leva vida e gera transformações.

Mova-se em direção ao seu futuro.

Mova-se para encontrar mais inspiração para criar.

Mova-se para inventar coisas novas.

Mova-se para fazer o bem a quem for.

Mova-se para mudar as coisas de lugar.

Mova-se para recomeçar em algo novo.

Mova-se para rir dos seus defeitos.

Mova-se para ajudar alguém que precisa.

Mova-se para amar sem pedir nada em troca.

Mova-se para conhecer lugares diferentes.

Mova-se para voltar porque se arrependeu.

Mova-se por uma paixão que te tira do sério.

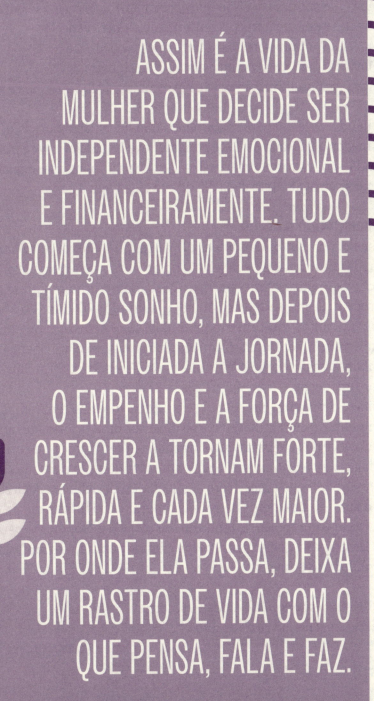

Mova-se por uma causa que a anima a fazer justiça.

Mova-se por uma decisão que encerra um ciclo ou inicia outro.

Mova-se por um abraço quentinho de alguém especial.

Mova-se por um sorriso gratuito que recebeu.

Mova-se para mexer com o coração de alguém.

Mova-se porque movimento é vida, então seja fonte de vida e viva.

Quando você está em movimento não há espaço para as dúvidas, medos ou desculpas. Esse movimento a impulsiona para frente, fazendo-a mais forte e mais sábia. O movimento inspira, e quando ele entrar em ação, fará cada dia da sua vida valer a pena.

Movimentando o corpo

Nosso corpo não foi criado para ficar parado. Ele foi feito para a ação, para esforços e para ser usado ao nosso favor, nos levando a todos os lugares com conforto. Mas, como uma máquina que é, precisa de manutenção, ou seja, cuidado e treino. Por isso, quando ficamos muito tempo paradas, logo sentimos os efeitos dessa estagnação. Dores, fraqueza, indisposição e até doenças se instalam – assim como a água que parou, empoçou, atraiu insetos e, por fim, secou.

Não se deixe enganar com a ideia de que você não tem tempo. Se movimentar e cuidar do seu corpo deve ser uma prioridade, afinal sem ele você não chegará a lugar nenhum. Entenda que o seu corpo é seu palácio e precisa estar em constante manutenção para que possa habitá-lo por longos anos e com dignidade. Cuide dele com dedicação, zelo e amor, pois é nele que você vai morar até o último dia da sua vida. Decida morar bem, fazendo do seu corpo o melhor lugar para se viver. Imagine só querer ser superprodutiva morando em um palácio destruído? Impossível!

"O homem bom cuida bem de si mesmo,
mas o cruel prejudica o seu corpo."

Provérbios 11:17

Movimente a mente

Assim como o corpo foi feito para se movimentar, o cérebro também foi. Uma mente que não é estimulada perde potência e, se o que mais queremos é crescer, então alimentá-la é fundamental para ampliarmos a nossa visão. Afinal, precisamos ter novas ideias, descobrir como resolver as demandas, inovar, enxergar as oportunidades onde quer que elas surjam, entender as pessoas, mapear caminhos, acelerar resultados, criar negócios e nos sentir cada vez mais capacitadas e poderosas.

Engana-se quem acha que mulher poderosa se resume a um belo corpo e a lindas roupas e joias. Uma mulher de poder deve ser representada por uma mente brilhante – e isso só é possível se a mente estiver em movimento constante. Podemos afirmar, assim, de maneira bem simplificada, que a mente é como um músculo, e se não o treinarmos, ele perde fibras, encolhe e atrofia.

Nesse sentido, falta de criatividade e apatia diante dos desafios podem turvar a nossa visão e sabotar os nossos movimentos. Devemos sempre nos manter em atividade, entendendo que aprender é uma dádiva, pois ninguém sabe tudo. Por isso, coloque o chapéu de aluna e se mantenha ativa, criativa, saudável, cheia de ideias e capacitada para resolver qualquer questão.

"Bem-aventurado o homem que acha sabedoria, e o homem que adquire conhecimento."

Provérbios 3:13

Movimente a alma

As emoções regem os nossos pensamentos que, por sua vez, comandam as nossas ações. Cuidar das emoções é manter-se na jornada de uma vida de sucesso. Uma alma contaminada pode sabotar os sonhos, turvar a visão, enfraquecer as ações, adoecer corpo e mente e até paralisá-la. Manter-se leve, observando as coisas da vida com bons olhos, buscando ver mais o bem do que o mal, desenvolvendo compaixão para com debilidades e fraquezas das pessoas, praticando o perdão e alimentando a mente com coisas significativas nos proporciona uma alma livre – aquela que sonha, voa e pode alcançar coisas incríveis, independentemente da situação.

Alimente a sua alma. Seja boa com você, com as outras pessoas e com o mundo; essa atitude a manterá leve a ponto de conseguir voar e conquistar os seus sonhos.

"O coração alegre aformoseia o rosto."

Provérbios 15:13

Movimente a fé

Acreditar é materializar a esperança, entendendo que aquilo que seus olhos naturais ainda não viram será alcançado em breve. É ter a certeza de que os sonhos não foram despertos por acaso e que você tem uma missão importante de vida: ser feliz, deixando um legado de força e superação para as pessoas que estão do seu lado nessa jornada.

Sem esperança não há futuro nem motivos para continuar, então acredite nos seus sonhos. Creia em você e na sua força de conquistar o que quiser. Assuma que tudo é para você e por você. Confie que vai dar certo e que a sua hora vai chegar. Tenha fé ao dar o próximo passo, não fraqueje. E siga acreditando, porque no dia em que você não acreditar, não haverá mais motivo para viver.

"Tudo é possível ao que crê."

Marcos 9:23

No penúltimo desafio, o objetivo é se manter em movimento para que não se desvie da vida de sucesso que escolheu.

Se vida é movimento e movimento é o que a impulsiona, complete as lacunas abaixo com as atividades que pretende praticar para estimular corpo, mente, alma e fé.

CORPO – Adote uma atividade física regular
Qual: _____
Quais dias da semana: _____
Qual horário: _____
Que dia começa: _____

MENTE – Faça um curso
Qual: _____
Quais dias da semana: _____
Qual horário: _____
Que dia começa: _____

ALMA – Faça o bem
Qual: _____
Quais dias da semana: _____
Qual horário: _____
Que dia começa: _____

FÉ – Busque o que a conecta consigo mesma
Qual: _____
Quais dias da semana: _____
Qual horário: _____
Que dia começa: _____

desafio

CAPÍTULO 13
o segredo da felicidade

> Já tenho entendido que não há coisa melhor para eles
> do que alegrar-se e fazer bem na sua vida
>
> ECLESIASTES 3:12

Durante a maior parte da minha vida, busquei justiça, liberdade e, consequentemente, felicidade. Foi isso o que despertou a indignação que usei como combustível para lutar até conquistar tudo o que julgava ser meu por direito. Foi esse mesmo sentimento que me incentivou a tomar atitudes que me proporcionaram ser dona das minhas próprias escolhas, me permitindo sentir orgulho de cada conquista alcançada, abrir um grande sorriso no rosto e me encher de satisfação e felicidade, mesmo que temporárias.

Você deve estar pensando: *Como assim, satisfação temporária? Então, qual o sentido de toda essa jornada se não é para chegar ao fim dela totalmente feliz?* Eu também me questionei isso centenas de vezes. Me sentia estranha por, logo após uma conquista, já querer algo novo. Parecia que nunca estava satisfeita.

Mas saiba que sentir-se assim é um bom sinal e não um motivo de angústias. Conhece a frase "Grata sempre, satisfeita nunca"? Quando eu a ouvi a primeira vez, duas revelações se descortinaram na minha frente: uma boa e a outra excelente.

A revelação boa

Nada dura para sempre, nem nossos sonhos. E qual seria a primeira consequência da impermanência das coisas? As mudanças, obviamente. Muitos não aceitam, questionam e lutam contra as mudanças

186 Liberdade na alma e dinheiro na conta

quando, na verdade, mudar é bom demais. Faz parte do jogo da vida, não é mesmo? Afinal, imagine só ter a mesma opinião a vida toda? Ter as mesmas paixões, viver a mesma profissão e não querer conhecer mais nada desse imenso mundo cheio de aromas, sabores, cores, sensações e experiências? Que triste e monótona a vida seria se fôssemos iguais do começo ao fim!

Portanto, mudar de sonho no meio da jornada faz parte, e o desejo de conhecer coisas novas não invalida a jornada de maneira alguma, muito pelo contrário, apenas enriquece a experiência. Se não tivéssemos sido motivadas a trilhar uma nova jornada, nunca saberíamos que há opções melhores, paixões mais fortes, novas oportunidades e experiências incríveis a serem vividas. Começar de um jeito e terminar de outro é uma aventura recompensadora e libertadora que só quem vive e empreende sabe.

Desligar-se de algo que construímos durante o percurso (ou ao final dele), porém, pode ser difícil de administrar. Ficamos apegadas ao tempo, à dedicação, ao investimento e a todo o esforço que ali depositamos para construir algo. Mas pense bem: como seria viver até o fim da vida com algo que não nos motiva mais só porque nos sentimos emocionalmente presas àquele sonho que nos movia lá no início, mas que hoje talvez já seja o suficiente? Ele nos trouxe até aqui, tudo bem, mas devemos entender que já cumpriu o seu papel. Ficou pequeno para nós que crescemos, e agora nos resta a gratidão pelo que foi conquistado.

Devemos ser gratas, mas não devotas a algo que não nos serve mais. Imagine parar a vida nesse estágio e não ter mais projetos, pretensões ou novos sonhos? Pior ainda, negar novos ideais pelo apego a algo que não nos emociona mais, não faz o coração bater mais forte nem arranca mais suspiros?

A vida é feita de ciclos, e criar a oportunidade de iniciar uma nova etapa é algo maravilhoso. Saber se despedir e fechar os ciclos antigos é o que nos move a continuar crescendo, independentemente da nossa idade, condição social ou do que já tenhamos construído.

Apaixonar-se por coisas novas e recomeçar é tão mágico que, embora dê medo, também traz esperança por percebermos que ainda

O SEGREDO DA FELICIDADE

existe muito a viver. Assim, não tenha medo, vergonha nem se sinta culpada ao se apaixonar por novos projetos, sonhar maior e deixar para trás aquilo que foi bom, que a trouxe até aqui e que lhe proporcionou sonhar ainda mais, mas que já não se encaixa em sua visão de vida atual.

A revelação excelente

A jornada nunca tem fim. Você deve estar aí se revirando na cadeira, pensando: *Agora, sim, ela enlouqueceu. Como assim não tem fim? Quero descansar, quero sossegar, quero me aposentar, quero ter paz.* Mas pense comigo: sem novas paixões, sonhos e desafios não há paz, a vida vira um tédio.

Lembra-se de quando eu disse que quando chegasse ao seu objetivo final e conquistasse o que sempre quis, o sentimento de felicidade seria temporário? Isso acontece porque o grande prêmio não é o que conquistamos, mas tudo o que vivemos até chegar lá. É isso que nos torna incríveis, que nos enche de orgulho, que nos faz contar histórias, ser e dar exemplos. É a maneira como conduzimos nossa vida nesse caminho que nos permite ter orgulho, cultivar boas lembranças e ter muita satisfação pessoal. Por isso, quando descobri que a jornada era o grande prêmio, senti um alívio enorme.

Poder ser grata por tudo o que vivemos, aprendemos e conquistamos é muito importante, mas ter a liberdade de ser insatisfeita e buscar novos caminhos, sonhos e projetos é revigorante, emocionante, uma verdadeira dádiva. Então, não se sinta culpada nem se preocupe em se explicar para ninguém. Nesse estágio da vida, com uma nova mentalidade e todo o conhecimento que você adquiriu até aqui, não há mais lugar para pedidos de desculpas: a ordem do dia é ser feliz.

Quando você fecha um ciclo, existe um sentimento de alívio permeado de emoção e saudades. A felicidade que você sente naquele momento é verdadeira, mas o desejo por continuar a transformação é muitas vezes maior. Por isso, novos sonhos brotam e, quando percebemos, já estamos no campo de batalha de novo, buscando algo maior.

Seja grata pela oportunidade de ter lutado pelo seu pequeno sonho inicial, sinta a felicidade por ter conquistado essa nova fase, mas seja insatisfeita. Pois a vida não para e você merece viver cada gota dessa imensidão de vida que corre no seu corpo.

Não se prenda a sonhos antigos

Pensando nessa nossa caminhada de vida, algumas percepções se evidenciaram para mim nos últimos anos. Talvez você acredite que o caminho da felicidade seja uma linha reta. De fato, percebo que muitas pessoas que me conhecem hoje têm essa sensação sobre mim. Que eu planejei, estudei, me empenhei e tive sucesso, como se tivesse saído do ponto A e chegado rapidamente ao B. Mas nunca foi assim.

Quando eu era uma menininha, tinha o sonho de ser dentista. Fui crescendo e colocava na faculdade de odontologia a razão da minha felicidade. Como já sabem, eu não pude fazer esse curso. A minha família não pôde pagar e fiz fisioterapia, uma profissão que teve um papel muito importante na minha vida, pois garantiu o meu sustento em alguns momentos de grande dificuldade, mas que nunca me fez me sentir realizada.

Confesso que durante quase duas décadas o meu sentimento foi de pura frustração quando pensava que teria que ser fisioterapeuta até o fim da vida. Na minha visão limitada, não havia o que fazer. Não podia jogar todos os anos de estudo fora nem desprezar os investimentos financeiros que já haviam sido feitos, ou seja, vivia em uma prisão pelo medo de mudar.

Mas quem estava me prendendo, senão eu mesma? O medo do incerto, o receio do que os outros iam falar, a insegurança de não saber o que fazer, e pior, o pavor de não dar certo em mais nada.

Foi assim a minha vida durante um bom tempo. Até que, enfim, decidi experimentar algo novo – e me apaixonei. Fui me aventurar na arte floral e, como uma menina, comecei a aprender do zero. Foram quase dois anos me dedicando a essa nova empreitada que, apesar de ter me trazido alegria, não me trouxe a independência financeira que buscava.

SEJA GRATA PELA OPORTUNIDADE DE TER LUTADO PELO SEU PEQUENO SONHO INICIAL, SINTA A FELICIDADE POR TER CONQUISTADO ESSA NOVA FASE, MAS SEJA INSATISFEITA. POIS A VIDA NÃO PARA E VOCÊ MERECE VIVER CADA GOTA DESSA IMENSIDÃO DE VIDA QUE CORRE NO SEU CORPO.

@divinoarranjo

Foi o brilho no olhar que recuperei em meio às flores que me fez descobrir a mesa posta. Uma oportunidade que se tornou uma nova paixão, ainda maior do que as flores. Com um certo apego e dor me despedi daquele mundo em que passei a viver com os arranjos e me enfiei atrás de uma máquina de costura para aprender tudo do zero de novo.

Com 40 anos, pude recomeçar uma nova fase da vida. Aprendi e segui os meus objetivos até me tornar uma grande referência em vendas de roupas de mesa. Isso me levou a dar cursos e conquistar um público significativo, até chegar aqui, nesta obra.

Agora, pense comigo: o que seria de mim hoje se tivesse conseguido cursar aquela faculdade de Odontologia que era o meu sonho de menina? Será que eu seria uma dentista realizada? Será que eu teria chegado tão longe quanto cheguei? Provavelmente não. Por isso, afirmo: não se prenda a sonhos antigos. Se permita recomeçar, se apaixone e experimente. A vida é incrível e está aí para ser descoberta por você.

Um ciclo termina para outro começar

Ao fim de cada ciclo temos a singular oportunidade de nos renovar, buscando trazer ainda mais sentido para a nossa existência. E hoje, um outro ciclo chega ao fim.

Estou muito feliz por você ter aceitado trilhar a sua trajetória ao meu lado. Espero que a sua satisfação seja a mesma que a minha. Que você tenha compaixão e orgulho de si mesma por estar buscando conhecimento e novos rumos, com a idade que tiver. Que os sonhos sempre façam morada dentro do seu peito e que a felicidade genuína que sinto neste momento possa ser compartilhada e vivida por todas as mulheres que atravessarem o meu e o seu caminho. Desejo que continue buscando a sua melhor versão de maneira sincera e honesta.

Ao terminar esta jornada, espero que tenha sido tocada pela trajetória que tive tanta alegria de compartilhar com você. Além disso, acredito que a sua maneira de pensar e lidar com os sonhos tenha mudado. Assim sendo:
- ▶ Qual é o próximo sonho que gostaria de realizar?
- ▶ E por onde vai começar essa sua nova jornada?

Registre suas respostas nas linhas a seguir e, ao final, assine, firmando consigo mesma o compromisso de colocar esse sonho em movimento.

_____
_____
_____
_____
_____
_____
_____
_____
_____
_____
_____
_____
_____
_____
_____
_____
_____
_____
_____
_____

(sua assinatura)

Este livro foi impresso
pela gráfica Edições Loyola
em papel pólen bold 70g
em agosto de 2023.